KB137445

10대에게 ★ 권하는
경제학

10대에게 권하는 경제학

초판 1쇄 발행 2020년 11월 5일
초판 4쇄 발행 2023년 2월 5일

지은이 오형규
펴낸이 김종길 **펴낸 곳** 글담출판사 **브랜드** 글담출판

기획편집 이은지 · 이경숙 · 김보라 · 김윤아 **영업** 성홍진
디자인 손소정 **마케팅** 김민지 **관리** 김예솔

출판등록 1998년 12월 30일 제2013-000314호
주소 (04029) 서울시 마포구 월드컵로8길 41 (서교동 483-9)
전화 (02) 998-7030 **팩스** (02) 998-7924
블로그 blog.naver.com/geuldam4u **이메일** geuldam@geuldam.com

ISBN 979-11-86650-97-4 (43320)

책값은 뒤표지에 있습니다.
잘못된 책은 바꾸어 드립니다.

일러두기
이 책에 사용한 그림과 사진에서 공유저작물(Public Domain)은 따로 기재하지 않았습니다.
일부 저작권 확인이 안 된 경우 저작권자가 확인되는 대로 별도의 허락을 받도록 하겠습니다.

만든 사람들 ————————————
책임편집 이경숙 **디자인** 엄재선 **교정교열** 탁산화

글담출판에서는 참신한 발상, 따뜻한 시선을 가진 원고를 기다리고 있습니다.
원고는 글담출판 블로그와 이메일을 이용해 보내주세요. 여러분의 소중한 경험과 지식을 나누세요.
블로그 http://blog.naver.com/geuldam4u 이메일 to_geuldam@geuldam.com

학교에서 배울 수 없는 경제학의 쓸모

10대에게 ★ 권하는
경제학

오형규 지음

경제는 우리 삶과 어떤 관련이 있을까요?
경제학 공부의 이유와 원리에 대해 알려 줘요.

글담출판

공부가 즐거운 사람은 드물 것입니다. 청소년 시절 공부는 시험을 치고 대학에 가기 위해 불가피하게 해야 하는 것쯤으로 여기기 쉽습니다. 그렇게 수동적으로 하는 공부는 별로 재미없고, 장래에 쓸모가 있을까 싶기도 합니다. 어른이 되면 쓸 일이 없다는 수학을 왜 배워야 하고, 문과생인데 과학은 왜 공부하며, 고리타분한 한자는 왜 알아야 하는지……

하지만 나와 무관한 것 같던 과목들도 훗날 도움이 될 때가 많습니다. 왜 진작 공부하지 않았나 후회되기도 합니다. 가령 한자를 모르면 책을 읽고 문장을 이해하는 데 지장이 있습니다. 우리말의 절반 이상이 한자어여서 소리만으로 의미를 정확히 파악하기 어렵거든요. 환골탈태(換骨奪胎)를 '환골탈퇴'가 맞다고 우기고, 문외한(門外漢)을 '무뇌한'으로 쓰면 정말 곤란하겠죠. 수학도 쓸모없어 보이지만, 수학 공부는 추상적 개념 이해와 공간추리 능력을 키우는 데 도움이 됩니다. 이과생이라면 당연히 수학을 알아야겠죠. 특히 전혀 다른 분야들이 뒤섞여 융·복합을 이루는 4차 산업혁명 시대에는 문과생도 과학적 지식이 필요하고, 이과생 역시 인문사회적 소양이 필수입니다. 인문학을 전공한 스티브 잡스가 '아이폰 혁명'으로 세상을 바꾼 비결도 여기에 있습니다.

수학, 과학, 한자는 그렇다 쳐도 경제학은 왜 공부해야 할까요? 당장 학교에서 배우지도 않고, 수능시험에서 선택과목으로 택하지도 않을 텐데 굳이 알 필요가 있을까요? 그래도 공부해야 하는 이유는 차고 넘칩니다. 왜 그런지 생각해 봅시다. 경제학은 문자 그대로 경제를 연구하는 학문입니다. 그러면 경제는 무엇인가요? 사람이 먹고 마시고 입고 일하고 저축하고 쓰고 노는 등 우리 삶의 모든 것이 바로 경제입니다. 더 나아가 기업의 성장, 국가의 번영, 민생의 활력도 모두 경제에서 나옵니다. 청소년들이 장래에 직업을 선택하는 것도 경제와 아주 밀접하며, 경제를 모르면 생활인으로서 살아가는 데 정말 애로가 많습니다. 1992년 미국 대통령 선거에서 무명의 젊은 빌 클린턴(Bill Clinton, 1946년~) 후보는 "문제는 경제야, 바보야!"라는 구호로 대통령에 당선됐을 정도로 어느 나라든 경제가 매우 중요한 과제입니다.

그렇다면 이야기가 달라지지 않을까요? 경제를 아는 것은 세상이 돌아가는 이치를 아는 것과 같습니다. 할아버지 할머니의 세대는 경제를 몰라도 잘 사시지 않았냐구요? 그렇지 않습니다. 그분들은 어려운 경제용어는 몰랐어도 다양한 인생 경험을 통해 살아가는 데 무엇이 필요한지, 가격이 어떻게 움직이는지, 상황에 따라 왜 사람들의 행동이 달라지는지 등을 아주 잘 아셨으니까요. 특히 '바다는 메워도 사람 욕심은 못 메운다', '놓친 물고기가 커 보인다' 같은 속담을 줄줄 꿰는 할머니는 웬만한 경제학자보다 경제원리를 더 잘 이해했다고 해도 과언이 아닐 것입니다. 오랜 연륜에서 나오는 삶의 지혜가 곧 경제원리를 아는 것과 다름없으니까요.

흔히 피할 수 없으면 즐기라고 합니다. 경제가 바로 그렇습니다. 대학에 가서 경제학을 전공하든 안 하든 경제는 여러분이 살아가는 데 필수 지식이니까요. 지금 당장 시험에 나오지 않더라도, 어른이 되어서도 경제 공부가 두고두고 도움이 되는 이유입니다.

하지만 경제 공부를 어디서부터 어떻게 시작해야 할지 막연하기만 합니다. 경제용어는 낯설고, 경제학은 어렵게만 보입니다. 필자도 경제현장을 30년 넘게 관찰했지만 아직도 경제학은 어렵게 느껴집니다. 하물며 청소년들은 수학도 질색인데 경제학까지 공부하려면 보통 결심과 의지로는 어러울지도 모릅니다.

　그렇다고 지레 포기하지 마세요. 경제도 알고 보면 재미있으니까요. 쉬운 경제입문서부터 시작해서 경제 지식을 조금씩 넓혀가다 보면 전혀 관심 없던 경제뉴스가 귀에 들리기 시작할 것입니다. 더 나아가 소설과 영화, 드라마 속에서도 경제원리를 배울 수 있습니다. 경제를 알면 쓸모가 많습니다. 직업 선택과 인생 설계에서부터, 대학에서 다른 분야를 전공하더라도 경제학적 접근방식을 통해 더욱 폭넓고 깊이 파고들 수 있습니다.

　지난 250년 동안 세계의 번영을 일군 경제학의 세계로 여러분을 초대합니다. 아는 만큼 보인다고 했고, 알면 사랑하게 된다는 말도 있습니다. 이 책이 부디 청소년들을 경제원리와 경제학에 조금이라도 가까이 다가가게 해줄 수 있다면 더할 나위 없는 보람일 것입니다.

2020년 10월
청소년이 경제와 친해지길 기대하며
오 형 규

차례 Contents

경제학이란 무엇일까요?

많은 사람들이 말하길, 경제는 인간에게 대단히 중요하며 세상을 살아가려면 경제학을 알아야 한다고 합니다. 그런데 유감스럽게도 경제 용어는 어렵기만 하고, 경제학의 복잡한 수식과 그래프는 마치 외계인의 언어처럼 보입니다. 수학도 포기하는 판에 굳이 경제학까지는 몰라도 될 것 같은데요. 대체 경제는 무엇이고, 경제학은 또 무엇일까요?

경제는 우리가 생산하고 소비하는 삶 그 자체입니다. 따라서 경제가 어떻게 돌아가는지 잘 모르면 국가는 물론, 가정과 기업을 유지하고 발전시키기 어렵지요. 경제학은 경제를 연구하는 학문으로, 넓게 보면 우리의 먹고사는 문제와 기업의 효율을 높이는 과제, 국가 발전과 국민 생활 수준의 향상, 나아가 인류 번영까지 두루 연구합니다. 너무 어렵다고요? 그럼 이제부터 경제란 무엇인지, 경제학은 어떤 역할을 하고 또 어떤 원리로 작동하는지 차근차근 살펴볼까요?

욕구는 무한하고 자원은 부족한데, 어떻게 모두를 만족시킬까요?

사람의 욕심은 끝이 없어요

빵은 하나밖에 없는데 동생과 나눠 먹어야 할 때, 어떻게 나누는 것이 좋을까요? 대충 나눴다가는 동생이 불평할지도 모릅니다. 원래 남의 떡이 커 보이는 법이니까요. 그렇다면 가장 공평하게 나누는 방법은 무엇일까요? 내가 빵을 자르고, 동생이 둘 중에 하나를 고르게 하는 것입니다. 반대로 동생이 자르고 내가 골라도 서로 불만이 없겠지요.

흔히 사람은 이기적이고 욕심이 끝이 없다고 합니다. 하나를 가지면 다른 것을 더 가지고 싶고, 남이 가진 것을 보면 나도 가지고 싶어집니다. 짜장면을 먹으면서도 친구의 짬뽕이 더 맛있어 보이고, 옆 테이블의 탕수육과 군만두에 군침이 도는 것처럼요. 누구나 갖고 싶은 것, 먹고 싶은 것, 즐기고 싶은 것이 너무나 많습니다. 하지만 아주 큰 부자가 아니고서는 모

• 상대적으로 구하기 쉬운 물은 희소성이 낮다고 볼 수 있어요. 하지만 아프리카처럼
물이 부족한 지역에서는 높아집니다. 이처럼 희소성은 시대와 장소에 따라서 달라집니다. •

든 욕구를 다 충족할 수 없습니다. 심지어 부자들도 자기보다 더 큰 부자
를 보면 스스로 부족하다고 여긴다고 합니다.

사람들의 욕구는 끝이 없는데 그런 욕구를 해소할 자원(돈, 재료·원료, 상
품과 서비스, 시간 등)은 충분치 못합니다. 이를 경제학에서는 '자원의 희소
성'이라고 합니다. 세상의 모든 자원은 희귀하고 부족하다는 뜻입니다. 마
음껏 옷을 사고 싶은데 돈이 부족하고, 실컷 놀고 싶은데 놀이기구마다 줄
이 너무 길고, 푹 쉬고 싶은데 휴일은 짧기만 합니다. 그래서 사람들은 어
떻게 해야 부족한 자원으로 자신의 만족감(효용)을 높일 수 있을까 늘 고
민합니다. 가진 돈과 재료, 시간을 고려해 무엇을 선택하는 게 가장 만족
스러울지를 따져서 행동하지요. 우리는 알게 모르게 이미 '경제적 인간'인

셈입니다.

국토가 넓고 자원이 풍부하면 얼마나 좋을까요?

'무한한 욕구와 부족한 자원'은 개인만의 문제가 아닙니다. 국가 역시 마찬가지입니다. 미국처럼 땅덩이가 넓고 자원이 풍부하다면, 사우디아라비아처럼 석유가 펑펑 난다면, 독일처럼 세계 최고의 기술을 가진다면, 스웨덴처럼 잘 설계된 복지 제도를 갖춘다면, 이탈리아처럼 문화유산이 오랫동안 축적돼 구경거리가 많다면…. 이렇게 아쉬운 점을 하나씩 꼽다 보면 끝이 없을 것 같습니다.

만약 국토, 지하자원, 기술, 복지, 관광자원 등 모든 면에서 풍족한 나라라면 별로 걱정할 것이 없을 것입니다. 무한한 욕구, 한정된 자원에서 비롯되는 경제적인 문제를 고민할 필요가 없다는 얘기지요. 하지만 세계 어디에도 그런 나라는 없습니다. 누구나 부러워하는 나라에도 부족한 것이 있기 마련입니다. 예를 들어 모든 것을 다 갖춘 것 같은 미국도 인종 갈등과 빈곤층으로 인한 문제가 뒤섞여 골치를 앓고 있습니다. 사람이 사는 세상은 성경 속 지상 낙원인 에덴동산이 아닙니다.

우리나라는 어떤가요? 한 방울도 나지 않는 석유를 포함해 대부분의 지하자원을 외국에서 사와야 합니다. 식량도 많은 부분을 수입에 의존하지요. 국토 면적은 싱가포르처럼 아주 작지는 않지만 큰 나라에 비하면 비좁

우리나라에서 수출을 가장 많이 하는 것은 반도체(왼쪽)이며,
수입을 많이 하는 것은 원유(오른쪽)입니다.

고, 70퍼센트 이상이 산지여서 도시의 인구 밀도가 매우 높습니다. 반도체, 조선 등 일부 산업은 세계 최고 수준의 기술을 보유하고 있지만 다른 분야는 그렇지 못합니다. 복지 제도는 북유럽 국가들에 비하면 갈 길이 멀다고 할 수 있지요.

결국 경제가 발전하고 나라가 부강해져 국민이 편안한 삶을 누리게 하는 것, 부족한 자원을 조달하여 상품을 생산하고 국민 소득을 높이는 것, 의식주와 안전 등의 기본적인 욕구를 해결하면서 국민 개개인이 더 나은 삶을 누리게 하는 것은 모두 한정된 자원과 연관이 있습니다. 그런 점에서 경제는 부족한 자원을 최대한 효율적으로 이용해 삶의 질을 높이는 일체의 활동이라고 할 수 있지요.

경제는 '만들고, 쓰고, 나누는 모든 활동'이에요

경제는 '인간의 생활에 필요한 재화나 서비스를 만들고, 쓰고, 나누는 모든 활동과 그 활동을 둘러싼 질서나 제도'로 정의할 수 있습니다. 욕구는 무한하고 자원은 부족한 상태에서 재화와 서비스를 생산, 소비, 분배하는 모든 행위가 경제인 것이지요. 개인과 기업은 물론, 정부의 활동도 경제에 포함됩니다. 이런 활동이 이뤄지는 사회 질서와 제도, 다른 나라와의 무역과 자금 거래 등이 합쳐져 한 나라의 경제를 구성합니다.

쉽게 말하면 경제는 돈에 연관된 모든 것입니다. 돈을 벌고, 쓰고, 모으고, 빌리고, 굴리고, 나누고 하는 것들이 합쳐져 경제를 이루지요. 돈이 있어야 부족한 것과 필요한 것을 채울 수 있고, 돈이 잘 돌아야 가정, 기업, 나라가 원활하게 굴러갈 수 있으니까요.

돈을 버는 것은 개인이 직업을 갖는 것 혹은 기업이 이윤을 얻기 위해 제품을 생산하는 것입니다. 가장 기본적인 경제 활동이라고 할 수 있습니다. 또 돈을 쓰는 것은 사람들이 생산된 제품이나 서비스를 이용하는 것입니다. 이는 소비입니다. 돈을 모으는 것은 저축이고, 돈을 빌려 주는 것은 대출입니다. 돈을 굴리는 것은 이익을 얻기 위해 금융 상품이나 새로운 사업에 투자하는 것을 말합니다. 돈을 나누는 것은 기업이 근로자와 주주에게 임금과 배당금을 주고, 정부가 세금을 걷어 나라 살림을 운영하고 복지를 제공하는 것입니다. 이렇게 개인, 기업, 국가의 모든 활동이 경제를 이루지요.

'생산의 3요소'라는 말을 들어 본 적이 있나요? 생산을 하려면 토지(땅),

생산의 3요소

토지   자본   노동력

자본(돈), 노동(사람)이 있어야 합니다. 생산을 해야 돈을 벌고, 돈을 벌어야 소비를 하고, 소비가 계속돼야 다시 생산할 수 있습니다. 이 과정에서 국가는 개인과 기업에서 세금을 걷어 나라 살림을 하지요. 이런 활동들이 서로 씨줄과 날줄처럼 얽혀 국가 경제를 이루고, 국가 간에 무역(수출과 수입)이 이루어지면서 세계 경제가 형성됩니다.

경제라는 말은 '경세제민'에서 왔어요

'세상을 다스려 백성을 구제'하는 것이 경제의 목표예요

'경제(經濟)'는 유교 사상의 기본 원리인 '경세제민(經世濟民)'의 줄임말로, 어원을 살펴 보면 우리가 알고 있는 일상적인 경제 활동보다 훨씬 더 큰 뜻이 담겨 있습니다. 경세제민은 '다스릴 경(經), 세상 세(世), 도울 제(濟), 백성 민(民)', 즉 '세상을 다스려 백성을 구제한다'는 뜻입니다. 교과서는 경제를 '국민 생활에 필요한 재화나 용역을 생산, 분배, 소비하는 활동'으로 정의하지만, 옛날 동양에서 경세제민은 경제뿐 아니라 정치와 행정까지 포괄하는 유교 통치 철학을 가리키는 것이었습니다. '나라를 다스려 세상을 구제한다'는 뜻의 경국제세(經國濟世)와도 같은 말이지요.

경세제민이라는 사자성어가 중국에서 언제 처음 생겨났는지는 불분명합니다. 처음부터 경세제민이라는 말로 고문헌에 나온 것은 아니고, '경

· 『경세유표』,
출처 『한국민족문화대백과사전』
ⓒ한국학중앙연구원 ·

세, 경국, 제민, 제세'처럼 따로따로 쓰였습니다. 유학 5경 중 하나인 『시경』(춘추시대)과 도가 사상가 장자와 후학들이 쓴 『장자』(전국시대) 등 많은 고문헌을 통해 확인할 수 있지요. 그러던 것이 11세기 중국 송나라에 이르러 경세제민이라는 사자성어로 굳어져 쓰이게 되었다고 합니다.

동양 통치 사상의 바탕에는 경세제민이 깔려 있습니다. 우리나라도 경세제민의 사상을 중시했음을 알 수 있는데요. 조선 후기 실학자인 정약용(丁若鏞, 1762~1836년)은 부국강병과 제도 개혁을 주장한 책을 쓰고 제목을 『경세유표』(1817)라고 붙였지요. 또 세상을 구할 영특한 임금을 '제세영주(濟世英主)'라고 불렀습니다.

영어의 economy를 경제로 번역했어요

동양에서도 오래전부터 오늘날의 경제 개념을 알고 있었지만 경제 개념과 용어가 생겨난 것은 근대 서양입니다. 영어로 경제를 뜻하는 '이코노미(economy)'는 고대 그리스어의 '오이코노미아(Oikonomia)'에서 유래했습니다. '가정(oikos) + 관리법(nomia)'으로 이루어진 오이코노미아는 고

• 고대 그리스의 대표적인 도시국가 아테네의 파르테논 신전 •

대 그리스에서 가정 관리를 의미하는 말로 사용되었습니다. 그러다 그 뜻을 넘어 아테네, 스파르타 같은 폴리스(도시국가)를 관리한다는 뜻으로 쓰였습니다. 그리고 로마 제국을 거쳐 16세기 유럽에서 '국가의 부와 자원을 관리한다'로 의미가 확장되며 이코노미라는 말이 자리를 잡았습니다. 동양에서 서양 문물을 먼저 받아들인 일본은 영어의 economy를 어떻게 번역할지 고민했습니다. 그러다 19세기 서양 서적을 번역하던 일본 학자들에 의해 책 한 권이 재발굴되며 economy를 '경제'로 번역하기 시작했습니다. 그 책은 일본의 유학자인 다자이 슌다이(太宰春台, 1680~1747년)가 쓴 『경제록』(1729)으로, 경세제민 사상을 토대로 부국강병을 설파한 책이었습니다. 이 책에서 저자는 처음으로 오늘날과 같은 의미의 경제라는 용어를 사용했지요.

폴리스(polis)란?

고대 그리스의 도시국가를 말합니다. 그리스인들의 중요한 생활 터전으로, 대부분은 중심지에 언덕을 가지고 있으며 이를 폴리스라고 불렀습니다. 이 언덕을 'akros(높은)'라는 말을 붙여 아크로폴리스라고 부르게 된 것은 도시국가를 폴리스라고 부르게 되면서부터입니다. 폴리스는 그리스 본토에 100여 개, 지중해 전역의 식민지까지 합해 1000여 개가 있었으며, 인구는 수천 명에서 20만~30만 명까지 다양했습니다.

출발은 달랐지만 동양과 서양 모두 경제를 '백성 또는 가정을 편안하게 해준다'는 개념으로 이해한 점이 흥미롭습니다. 나라를 부강하게 하고 백성을 구제해 편안하게 살게 해주는 것이 곧 경제인 셈입니다.

국가에는 필수적인 세 가지가 있어요

국가가 오래 존속하려면 꼭 필요한 것들이 있습니다. 바로 안보, 외교, 경제입니다. 아무리 문화와 문물이 뛰어나다 한들 군사력이 허약해 안보가 무너진다면 나라가 사라질 수밖에 없습니다. 국가 안보를 위해 주변 국가들과 잘 지내는 외교도 필수입니다. 그리고 안보와 외교 못지않게 중요한 요소가 경제입니다. 나라를 유지하더라도 국민이 먹고사는 문제를 해

• 구호물품 대기줄에서 벗어나 쉬고 있는 베네수엘라 부녀의 모습 •

결하지 못하면 나라다운 나라라고 할 수 없기 때문입니다. 또 경제적인 힘을 비축해야 국방을 튼튼히 하고 외교적인 힘을 갖게 돼 다른 나라들이 함부로 넘보지 못합니다.

이런 점에서 경제는 국가와 사회를 안정시키는 필수 조건입니다. 과거 세계를 주름잡던 강대국들만 봐도 잘 알 수 있습니다. 이들 나라가 패망한 직접적인 원인은 외적의 침입이지만 보다 근본적인 원인은 먼저 나라의 경제가 무너진 데 있었습니다. 몽골이 세운 원나라가 무너진 것도 명나라 이전에 이미 원나라의 최대 강점이었던 경제가 붕괴한 탓이었지요. 몽골은 유럽과 아시아 대륙에 걸쳐 대제국을 건설하고 활발한 상거래를 통해 경제를 발전시켰습니다. 그러다가 흑사병이 세계를 휩쓸면서 상거래가 급속히 위축되자 나라를 유지할 수 없게 되었습니다.

사람들이 먹고사는 기본적인 의식주가 충족되지 못하는 사회는 불안할 수밖에 없습니다. 한 예로 베네수엘라는 확인된 석유 매장량이 세계 1위인 자원 부국이지만 국제 석유 가격이 급락하면서 경제와 국가 재정이 무너졌습니다. 그 결과 가난해진 사람들이 쓰레기통을 뒤지고, 수백만 명이 나라를 탈출했을 뿐만 아니라 범죄로 인한 사망자들이 급증하는 사태를 겪고 있지요.

나라마다 자연 조건이 다르고, 주변 환경의 차이가 크지만 어떻게 경제를 발전시킬 것인가는 공통의 숙제입니다. 우리나라처럼 지하자원이 없고, 국토에 비해 인구가 많은 나라라면 더더욱 안보, 외교와 함께 경제 발전에 힘써야 합니다.

경제는 인체와 많이 닮았어요

경제를 사람 몸에 비유하면 이해하기 쉬워요

경제가 어떻게 돌아가는지 쉽게 이해하려면 사람의 몸과 비교하면 됩니다. 한 나라의 경제는 새로운 것이 생기고 묵은 것이 사라지는 과정이 거듭된다는 점에서 인체의 신진대사와 닮았습니다. 사람이 건강하려면 열심히 일하고, 잘 쉬고, 적당히 운동하는 가운데 호흡, 맥박, 혈압, 체온 등이 안정적으로 유지돼야 합니다. 소화기, 순환기, 호흡기가 원활하게 작동해야 건강한 것처럼 경제도 재화가 적절히 생산되고 원활하게 소비되어 돈이 잘 돌고, 수출이 잘 되고, 일자리가 늘어야 제대로 발전할 수 있습니다.

경제를 이루는 각 요소를 인체에 비유해 볼까요? 먼저 가계(가정), 기업, 정부 등의 경제 주체는 사람의 두뇌에 비유할 수 있습니다. 경제 주체는 각각 어떻게 선택하고 행동할까를 판단합니다. 이때 가정의 가장, 기업의 최고 경영자(CEO), 정부의 대통령 등이 의사 결정의 핵심 역할을 한다고 할 수 있습니다.

또 금융 시스템은 사람의 생존에 필수적인 심장에, 돈은 혈관을 도는 혈액에 비유할 수 있습니다. 심장과 혈관 사이의 혈액 순환이 원활해야 건강할 수 있는 것처럼 경제에서도 돈이 잘 도는 것이 필수적이지요. 여기서 말하는 금융 시스템은 은행 같은 금융회사만을 가리키는 게 아니라 저축, 대출, 투자, 대금 결제 등 돈이 돌아가는 전체 체계를 의미합니다.

산업은 인체의 척추나 뼈대와 같은 역할을 합니다. 모든 뼈가 튼튼해야 몸이 바로 서듯이, 경제도 자동차, 반도체, 조선, 철강, 석유화학 등의 제조업을 비롯해 각종 서비스업과 건설업, 농림어업 등 모든 산업이 고루 튼튼해야 우뚝 설 수 있습니다.

각 산업 분야마다 수익을 내기 위해 투자하고 기술을 개발해 상품을 생산하는 것은 숨 쉬는 호흡기와 같습니다. 호흡기가 약해 산소 공급이 부족하면 신체 기능이 마비되듯이, 산업의 활동이 약해지면 경제도 제 기능을 발휘하지 못하게 됩니다.

이렇게 생산된 재화를 소비하는 과정은 위(胃)와 장(腸) 등 소화기에 비유할 수 있습니다. 음식을 잘 섭취해야 성장과 활동에 필요한 영양분을 공급받을 수 있는 것처럼 국민들도 필요한 상품을 소비할 수 있어야 생활 수준이 높아지고 보다 나은 삶을 누릴 수 있습니다. 또 소화 기능이 왕성해야 건강하게 활동하고 남는 영양분을 간(肝)에 저장할 수 있듯이, 경제도 생산과 소비가 왕성해야 자본과 기술을 축적해 더욱 성장하고 산업이 고

도화될 수 있습니다.

한편 인체와 마찬가지로 경제도 찌꺼기를 밖으로 배출하는 배설 기관이 필수적입니다. 배설 기능이 제대로 작동하지 않으면 몸에 병이 생기듯이, 경제도 부실하고 불필요한 부문을 적절히 퇴출시키지 않으면 멀쩡한 다른 분야에 악영향을 미치기 때문입니다. 예를 들어 상품이 안 팔려 문을 닫게 된 부실기업이 정부의 자금 지원으로 연명하면서 상품을 터무니없이 싸게 팔면, 다른 정상적인 기업들이 피해를 볼 뿐만 아니라 산업의 전반적인 경쟁력이 떨어져 해외 경쟁 상품에 밀리게 되는 것처럼 말이지요.

경제의 건강 상태는 경제지표로 진단해요

사람의 건강 상태를 점검할 때는 대개 혈압, 체온, 맥박수 등을 잽니다. 질병에 걸리면 몸에 열이 나고 호흡이 가빠지며 심장 박동이 빨라지듯이, 경제도 이상이 생기면 물가가 뛰고, 생산과 소비가 위축되며 실업자가 늘어납니다. 고혈압과 고열이 건강에 이상이 있다는 신호인 것처럼, 경제가 어떤 상태인지 알려 주는 수치가 바로 '경제지표'입니다. 경제지표란 경제 활동을 분야별로 가늠해 볼 수 있는 각종 통계를 말합니다. 경제지표에는 생산, 소비, 투자, 재고, 물가, 고용, 수출입, 국제수지와 경상수지, 금리, 환율, 주가, 외환보유액 등이 있습니다.

정부 당국자나 경제학자들은 경제지표를 통해 경제의 건강 상태를 진단

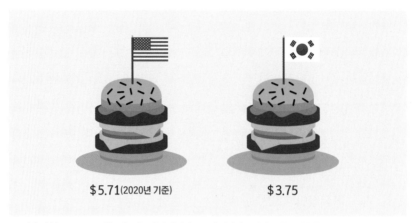

$5.71(2020년 기준) $3.75

• 빅맥 지수(Bic Mac Index)는 맥도날드의 빅맥 가격으로 각 나라의 물가 수준과 통화가치를 비교하는 경제지표로,
1986년 9월에 영국 주간지 《이코노미스트》에서 처음 사용하였습니다. •

하고 어떻게 대처할지 판단합니다. 이는 의사가 우리 몸을 진찰해 어디가 안 좋은지 찾아내 치료하고 약을 처방하는 것과 같습니다. 이때 의사의 진단과 처방이 정확해야 병을 고칠 수 있지요. 마찬가지로 경제도 경제지표를 통해 이상 징후를 정확히 짚어 내 적절히 대책을 세워야 원활하게 굴러 갈 수 있습니다. 경제는 너무 넘쳐도 문제이고, 부족해도 문제입니다. 사람이 너무 살이 쪄도 건강에 해롭고, 너무 살이 빠져도 해로운 것처럼요.

고대 중국의 전설적인 명의(名醫) 편작(扁鵲, BC 407?~BC 310년?)은 '죽은 사람도 살려낸다'고 할 만큼 명성이 높았지만 자기보다는 두 형의 의술이 훨씬 뛰어나다고 겸손해했습니다. 자신은 중병에 걸린 환자를 고치는 수준이지만, 작은 형은 증상이 미미해도 미리 알아내 병을 다스렸고, 큰 형은 사람의 얼굴빛만 보고도 병이 생길 것을 예측해 아예 병이 안 걸리게 했다는 것입니다. 이 고사(古事)처럼 진정한 명의란 사람이 병에 걸리기 전에 예방하는 의사가 아닐까요? 경제 역시 최선의 대책은 경제지표를 통해 미리 위험을 감지하고 큰 경제 위기로 번지지 않게 예방하는 것입니다.

경제학은 국민 생활 수준을
고민하는 학문이에요

'경제학' 하면 무엇이 떠오르나요?

경제도 어려운데 경제를 연구하는 경제학은 얼마나 어려울까요? 지레 겁부터 먹는 학생들이 있을지 모르겠습니다. 용어도 낯설고 딱딱한 데다, 개념은 왜 그리 어려운지요. 수학처럼 딱 떨어지는 공식이 있는 것도 아니면서 그래프와 수식이 즐비합니다. 사회 시간에 경제 얘기만 나오면 하품이 나고 지루하기만 합니다. 그런데 경제학은 정말 난해하기만 한 것일까요?

경제학은 경제를 다루는 학문입니다. 수학이 숫자를 다루는 학문이고, 물리학이 사물의 운동 이치(물리)를 다루는 학문이듯이 말이죠. 하지만 경제학은 경제를 다루는 학문 이상의 중요성을 지닙니다. 우리가 먹고, 입고, 생활하는 의식주가 모두 경제와 연관된 문제이기 때문입니다. 우리가 살아가는 데 필요한 물자를 조달하는 모든 활동이 경제 행위라는 점에서, 우리의 모든 행동은 경제와 관련 있습니다. 여러분이 지금 공부하는 것도 넓은 의미에서 경제 행위라고 할 수 있습니다. 공부하는 이유가 나중에 하고 싶은 일을 하며 돈을 벌고, 그 돈으로 하고 싶은 것을 하기 위해서라면 말이죠.

경제란 각 개인에게는 직업과 의식주이고, 기업에는 수익 창출이며, 나라 전체로는 국부(國富)이자 국력입니다. 그런 점에서 경제학은 국민이 살아가고 국가가 존속하고 발전하는 데 없어서는 안 될 학문입니다.

경제학자는 국가의 부와 국민의 생활에 관심이 많아요

고대부터 근대까지는 한 나라의 경제력, 즉 국부를 그 나라의 왕실이 소유한 금은(金銀) 보유량으로 생각했습니다. 금은을 많이 가진 왕이 강한 군대를 거느릴 수 있었거든요. 식민지를 지배하고, 수출을 장려하며 수입을 억제한 것도 금은이 나라 밖으로 빠져나가는 것을 막기 위해서였습니다.

그러나 '경제학의 아버지'로 불리는 애덤 스미스(Adam Smith, 1723~1790년)는 『국부론』(1776)에서 '국가의 부는 국가의 금은 보유량이 아니라 국민의 생활 수준'이라고 정의했습니다. 왕실이 아무리 금은을 많이 가진들 국민이 살아가는 형편이 변변치 못하면 부유한 국가라고 볼 수 없다는 것이지요. 이런 관점이 경제학의 출발점이 됐고, 결국 경제학은 국민의

• 애덤 스미스 •

생활 수준을 개선하는 방법을 고민하는 학문으로 자리 잡게 되었습니다.

오늘날 한 나라의 생활 수준을 파악하는 방법은 매우 다양합니다. 흔히 국내총생산(GDP)을 통해 생산된 부가가치나 소득을 비교합니다. 한 나라가 1년간 생산한 재화(상품과 서비스)의 가치를 합산해 전체 국민 수로 나눈 것이 1인당 GDP입니다. GDP로 비교한(2018년 기준 통계청 자료) 경제 규모에서는 중국이 세계 2위이고, 노르웨이가 28위입니다. 그러나 국민 숫자로 나눈 1인당 GDP는 노르웨이가 약 8만 2000달러로 세계 3위이고, 중국은 약 1만 달러로 59위에 불과하지요.

이런 경제지표 말고 세세한 통계로도 생활 수준을 비교할 수 있습니다. 평균 수명, 인구 1000명당 의사 수, 유아 사망률, 1인당 에너지(석유, 가스, 전기 등) 소비량, 문맹률, 1인당 목재·시멘트·섬유의 소비량 등을 비교할 수 있지요. 잘사는 나라일수록 에너지 소비가 많고, 건강하고 오래 살며, 교육 수준이 높고, 각종 상품을 많이 소비할 테니까요.

우리나라의 생활 수준은 어느 정도일까요?

우리나라의 경제 규모는 세계 10위입니다. 우리나라의 GDP는 1조 7208억달러로, 브라질(9위)과 캐나다(11위) 사이에 있습니다. 유엔(UN), 국제통화기금(IMF), 세계은행(World Bank) 등 세계 GDP 순위를 집계하는 국제기구마다 조금씩 차이가 있지만, 우리나라는 대략 10~13위에 해당합니다.

경제 규모가 세계 205개국 가운데 10위라고 해서 세계에서 열 번째로

• 세계은행 •

잘사는 나라라는 뜻은 아닙니다. 경제 규모가 비슷하다면 인구가 많은 나라보다 적은 나라의 국민이 훨씬 잘살 것입니다. 적은 숫자의 국민으로도 비슷한 성과를 낼 수 있다는 뜻으로, 실제로 1인당 GDP가 높게 나타납니다. 예를 들어 인구수가 3774만 명이 조금 넘는 캐나다와 2억 1255만 명이 넘는 브라질 중 어느 나라 국민이 더 잘살까요? 당연히 캐나다입니다. 캐나다는 1인당 GDP가 4만 6124달러(17위)인 데 비해 브라질은 8920달러(64위) 수준입니다.

2018년 기준으로 우리나라 1인당 GDP는 3만 3346달러입니다. 세계 26위지요. 위로는 우리나라보다 경제 규모가 작고 인구도 적은 스위스, 스웨덴, 노르웨이, 오스트리아 같은 나라들이 있고, 아래로는 러시아, 인도네시아 같은 인구 대국과 사우디아라비아, 이란 등 중동 산유국들이 있습니다. 석유 한 방울 안 나는 우리나라가 산유국보다 1인당 GDP가 높다는 것은 국부를 결정하는 것이 '지하자원'이 아니라 교육 수준과 기술력, 창의성 같은 '인적자원'임을 잘 보여 줍니다.

경제학에는 '3대 기본 과제'가 있어요

국민의 생활 수준을 높이는 것이 곧 국부와 국력이 됩니다. 경제 성장은 국민 소득이 증가해 국민이 더 잘살게 되는 것이고, 더 잘산다는 것은 더 많은 상품과 서비스를 소비할 수 있게 된다는 것을 의미합니다. 물론 경제가 성장하더라도 개인의 능력이나 물려받은 것의 차이로 인해 생겨나는 빈부 격차가 발생하지요. 이는 경제학에서 중요한 과제입니다.

경제학자들이 고민하는 문제들은 크게 세 가지로 요약됩니다. 첫째, 누가 무엇을 얼마만큼 생산할 것인가. 둘째, 어떤 방법으로 생산할 것인가. 셋째, 어떻게 생산물을 배분할 것인가. 이 세 가지 문제를 경제학의 '3대 기본 과제'라고 합니다. 경제 성장, 산업 발전, 소득 분배 등을 다루는 것이지요.

경제학자들이 연구하는 방법이나 방향은 제각각입니다. 하지만 그들이 추구하는 공통의 목표는 국가의 부와 국민 삶의 질을 개선하는 것이라고 할 수 있습니다. 어떻게 해야 국민이 더 잘살 수 있을까, 어떻게 해야 나라가 더 부강해질까를 연구하는 학문이 경제학인 것입니다. 그래서 경제학자들을 '경제의 의사들'이라고 합니다.

경제학은 우리 일상생활과
아주 가까이 있어요

디즈니월드는 왜 닷새째부터 거의 공짜일까요?

우리가 경제학을 공부해야 하는 것은 우리의 일상이 경제와 매우 밀접하게 연관돼 있기 때문입니다. 따라서 경제의 원리를 알면 일상이 전과 다르게 느껴집니다. 다음의 사례를 살펴볼까요?

미국 플로리다주 올랜도에 있는 세계 최대 규모의 테마파크인 디즈니월드는 그야말로 환상의 놀이공원입니다. 하루면 다 즐길 수 있는 우리나라 테마파크와 달리 디즈니월드는 워낙 넓은 데다 볼거리와 놀이기구가 다양해 며칠씩 돌아봐야 할 정도지요. 그래서 미국인들도 디즈니월드에 갈 때면 적어도 며칠간 휴가를 내고 간다고 합니다.

테마파크를 좋아하는 사람이라면 한 번쯤은 꼭 가보고 싶을 디즈니월드는 아주 독특한 입장료 체계로 운영되는데요. 자유 이용권 가격이 1일권

• 디즈니월드의 상징 신데렐라성 •

은 109달러, 2일권은 214달러, 3일권은 318달러, 4일권은 412달러입니다. 이를 날짜로 나누면 2일권은 하루에 107달러, 3일권은 106달러, 4일권은 103달러가 됩니다. 그런데 5일권 가격은 440달러로, 4일권보다 28달러만 더 내면 하루 이용권을 추가로 살 수 있습니다. 6일권, 7일권은 하루에 10달러 정도씩만 추가하면 됩니다. 왜 이렇게 희한하게 가격을 매겼을까요? 하루에 100달러 이상 제값을 받으면 훨씬 이득일 텐데 말입니다.

여기에는 디즈니월드의 특징이 반영돼 있습니다. 디즈니월드는 크게 4개의 테마파크로 구성돼 있습니다. 신데렐라성(城)이 있는 매직 킹덤, 미래 도시 같은 엡콧 센터, 수많은 동식물이 있는 애니멀 킹덤, 그리고 〈스타워즈〉, 〈토이 스토리〉 같은 영화를 주제로 한 할리우드 스튜디오지요. 이 테마파크들을 다 돌아보려면 꼬박 나흘이 걸립니다. 디즈니월드에 큰 맘 먹고 온 사람이라면 모두 둘러보고 싶겠지요?

바로 이 점에서 착안해 디즈니월드는 4일권까지는 하루에 100달러가 넘는 비싼 입장료를 받는 것입니다. 5일 이상 머무는 사람이 별로 없으니 선심을 쓰는 척하면서 싸게 파는 것이지요. 세계 각지에서 모처럼 놀러 온 이용객들로서는 아쉬워도 감수할 수밖에 없습니다.

조조 할인과 중고생 할인에는
어떤 경제원리가 숨어 있을까요?

앞서 살펴본 바와 같이 같은 상품과 서비스인데도 고객의 특성이나 상황에 따라 가격을 달리 받아 판매 수익을 높이는 것을 경제학 용어로 '가격차별'이라고 부릅니다. 가격차별의 사례는 주변에서 흔히 볼 수 있습니다. 대표적인 것이 영화관의 할인 서비스입니다. 주머니 사정이 넉넉지 않은 청소년에게 성인과 똑같은 관람료를 받으면 아무래도 영화관에 덜 가게 될 것입니다. 그러므로 영화관 입장에서는 청소년 할인으로 학생들의 관람료를 할인해 주고 더 많이 오게 하는 것이 이득입니다. 조조 할인 역시 마찬가지입니다. 이른 아침이나 심야 시간대에는 영화를 보러 오는 사람이 적습니다. 이럴 때 관람료를 할인해 주고 더 많은 관객을 오게 하는 것이 훨씬 이익입니다.

아무 때나 가격차별을 할 수 있는 것은 아닙니다. 무엇보다 제값을 다 받을 대상과 가격을 깎아 줄 대상을 쉽게 구분할 수 있어야 합니다. 청소년 할인은 교복이나 학생증 등으로 쉽게 대상자를 확인할 수 있고, 조조 할인은 시간에 따라 구분이 가능하지요. 수학능력시험이 끝난 뒤 응시표를 가져오면 값을 깎아 주는 수능 할인도 그런 사례지요. 교복이나 학생증, 수능 응시표 등은 일반인이 넘을 수 없는 장애물로 작용합니다. 그래서 이런 형태의 가격차별을 '장애물에 의한 가격차별'이라고 합니다.

쿠폰, 스탬프 등으로 할인해 주는 것도 가격차별의 한 사례입니다. 어떤 커피 전문점은 음료를 한 잔씩 마실 때마다 스탬프를 하나씩 찍어 주고, 10개가 모이면 음료 한 잔을 무료로 줍니다. 또 정기적으로 할인 쿠폰을 보내 다시 찾아오게끔 합니다. 쿠폰과 스탬프를 챙기는 고객이라면 자주 방문하는 고객일 확률이 크므로 고객 서비스 차원에서 생색을 낼 수도 있습니다. 누이 좋고 매부 좋은 격이지요.

이 밖에 마트의 묶음 판매나 음식점의 점심 특선, 항공사의 주중 할인, 대중교통의 정기권 역시 가격차별의 사례입니다.

짜장면에는 있고 군만두에는 없는 것은 무엇일까요?

많은 사람들이 좋아하는 짜장면에는 있는데 군만두에는 없는 것이 있습니다. 무엇일까요? 바로 곱빼기입니다. 짜장면에는 곱빼기가 있지만 군만두에는 곱빼기가 없지요. 이처럼 중국집 차림표에도 가격차별의 경제원리가 숨어 있습니다.

최초의 쿠폰으로 여겨지는 코카콜라 무료 컵 티켓

짜장면 곱빼기는 사람들의 먹성에 차이가 있다는 사실에서 착안한 것입니다. 먹는 양이 많은 사람은 짜장면 한 그릇으로는 부족하지만 그렇다고 두 그릇을 먹기에는 부담스러울 수 있습니다. 이런 경우 보통의 짜장면보다 양은 1.5배쯤 많으면서 가격은 1000원 정도 더 비싼 곱빼기를 주문하게 마련입니다. 짜장면 곱빼기는 보통에 비해 원가가 1.5배인 것도 아니고, 좀 더 큰 그릇에 담아 한 번만 서비스하면 됩니다. 즉 주인은 크게 추가되는 비용 없이 먹성 좋은 손님들이 부담 없이 먹을 수 있게 서비스할 수 있으므로 총수익을 따졌을 때 곱빼기를 제공하는 것이 이득이지요.

그렇다면 군만두는 왜 곱빼기가 없을까요? 한 접시에 10개쯤 나오는 군만두는 정식 식사 메뉴라기보다는 곁들여 먹는 경우가 많습니다. 군만두를 15개쯤 주고 가격을 1000원만 더 받으면 주인이 손해를 볼 것이고, 반대로 만두를 15개 주면서 가격을 1.5배 올려 받으면 손님은 굳이 곱빼기를 찾을 이유가 없습니다. 주인 입장에서는 군만두를 더 먹고 싶은 사람에게 한 접시 더 주문하게 하는 것이 이익이고, 손님도 사이드 메뉴로 배를 채울 생각이 없으니 굳이 곱빼기가 필요하지 않은 것이지요.

또 곱빼기가 있고 없는 데에는 결정적인 차이가 있습니다. 짜장면은 둘이 나눠 먹기가 불편한 데 반해 군만두는 여럿이 쉽게 나눠 먹을 수 있다는 점입니다. 군만두처럼 나누기 쉬운 음식은 한 접시 더 주문하게 하는 것이 주인에게 유리할 것입니다. 그리고 보니 곱빼기는 짜장면, 짬뽕, 설렁탕, 육개장 등 쉽게 나눠 먹을 수 없는 음식에만 있습니다. 패스트푸드점에서 패티가 두 장 들어간 더블 치즈버거와 세트 메뉴는 팔아도, 햄버거

두 개를 할인해서 팔지 않는 것도 같은 이유입니다.

자동차 보험료는 왜 20대 남자가 제일 비쌀까요?

사람을 나이로 차별하거나 성별로 차별한다면 발끈할 사람들이 많을 것입니다. 하지만 가격차별이 엄연히 존재하는데도 큰 문제 없이 운영되는 것이 있습니다. 바로 자동차를 가진 사람이라면 의무적으로 가입해야 하는 자동차 보험입니다. 자동차 보험료는 나이가 젊을수록, 또 여성보다는 남성이 더 비쌉니다. 보험 회사마다 대개는 '26세 이하의 남자 운전자'의 보험료를 가장 비싸게 매깁니다. 자녀가 있는 40대 기혼 남자에 비하면 보험료가 최고 2~3배 높은 경우도 많습니다. 반면에 여성이나 어린 자녀가 있는 운전자와 블랙박스를 차량에 단 경우에는 보험료를 깎아 주지요.

보험 회사는 가입자들의 운전 습관도 알지 못하면서 왜 보험료에 차별을 둘까요? 이는 과거의 통계를 보면 젊은 남성이 자동차 사고를 낸 비율이 다른 연령대나 여성보다 훨씬 높았기 때문입니다. 이런 식의 가격차별을 '통계적 차별'이라고 합니다. 이처럼 보험 회사는 기존 가입자들의 연령별·집단별 사고 확률 통계를 보고 보험료를 매깁니다. 한편 블랙박스가 달린 차량은 사고가 났을 때 잘못을 가리기 쉬우므로 블랙박스를 달도록 권장하는 차원에서 보험료를 깎아 주는 것이랍니다.

물론 20대 남자 중에 안전 운전을 하는 사람도 있을 테고, 20대 여성이

나 어린 자녀가 있는 운전자 중에 난폭 운전을 하는 사람이 있을 수 있습니다. 20대 남자라고 무조건 자동차 보험료를 비싸게 물리는 게 억울할 수 있습니다. 그러나 가입자의 운전 습관을 일일이 알 수도 없고, 알 방법도 없기에 보험 회사는 기존 사고 통계를 반영해 보험료를 책정할 수밖에 없습니다. 따라서 20대 남자가 보험료를 낮추려면 몇 년간 계속해서 사고 없이 안전 운전을 해야만 하지요.

다만 통계에 근거한 가격차별은 실제로 장기간 통계 자료가 축적된 경우에만 용인될 수 있습니다. 자동차 사고율처럼 객관적인 통계가 아닌 단순히 주관적 느낌이나 선호에 따라 차별을 두는 것은 용납될 수 없습니다. 채용할 때 인종, 성별, 지역, 종교 등을 따져 차별하는 것이 그런 사례입니다.

경제원리와 자연법칙은
닮은 점이 많아요

우리가 사는 지구는 분명한 자연법칙에 따라 움직입니다. 물은 낮은 곳으로 흐르고, 물체는 공중에서 지상으로 떨어집니다. 지구는 23.5도 기울어진 자전축을 기준으로 하루 24시간 자전하고, 태양 주위를 1년에 약 365일간 공전하지요. 이런 자연법칙들을 과학자들이 계속해서 발견하고 축적해 온 결과물이 오늘날의 과학입니다. 이와 마찬가지로 사람들이 모여 사는 사회에도 일관되게 관찰되는 경제원리들이 있습니다. 그런 원리들을 경제학자들이 발견해 벽돌 쌓듯이 축적한 것이 곧 경제학입니다.

지구상의 모든 물체는 아래로 떨어지는 중력 법칙의 지배를 받습니다. 중력을 거스르려면 물체를 밀어 올릴 에너지가 있어야 합니다. 한 나라의 경제도 마찬가지입니다. 꾸준히 성장해 발전하려면 가만히 있어선 안 됩니다. 국민이 열심히 일하고, 돈이 필요한 곳에 투자하고, 수출을 활발히 하고, 내수 경기를 활성화해야 합니다. 생산, 투자, 소비 같은 에너지가 더해질 때 경제도 성장할 수 있는 것이지요. 생산이 차질을 빚거나, 투자나 소비가 없는 나라에서는 경제가 후퇴할 수밖에 없습니다.

• 산성비로 황폐화된 삼림은 염기성 비료를 사용하여 중화시킬 수 있습니다. •

　화학에서 중화(中和) 반응은 매우 신기합니다. 중화 반응이란 서로 다른 성질을 가진 것이 섞여 각각의 성질을 잃거나 그 중간의 성질을 띠게 되는 것을 말합니다. 아주 강한 산성인 염산(HCl)과 강한 염기성인 양잿물(수산화나트륨·NaOH)은 인체에 치명적이지만, 이런 양극단의 두 물질이 섞이면 놀랍게도 인체에 필수적인 요소인 물(H_2O)과 소금(NaCl)으로 바뀌는 중화 반응이 일어납니다. 중화 반응은 경제학에서 수요와 공급이 만나 '균형가격'을 형성하는 것과 유사합니다. 예컨대 집을 매매할 때 사려는 사람은 최대한 싸게 사고 싶어 하고, 팔려는 사람은 최대한 비싸게 팔고 싶어 합니다. 이때 서로 고집만 부리면 거래가 이뤄질 수 없습니다. 정반대 입장이지만 서로 조금씩 양보해 중간쯤에서 둘 다 만족할 가격에 이르렀을 때 거래가 성사됩니다. 이때의 가격이 판매자와 구매자 모두 만족하는 균형가격입니다.

기압이 높은 곳에서 낮은 곳으로 공기가 움직이듯이, 돈의 흐름에도 일정한 법칙이 있습니다. 돈은 이자율이 높은 곳으로 이동합니다. 달이 차면 기울고, 꽃이 열흘 넘게 붉은색을 유지하기 어렵듯이 주식 시장에서 한없이 주가가 오르는 종목은 없습니다. 올라가면 내려가는 법이고, 내려가면 언젠가는 다시 올라갑니다.

생물학에 '최소율의 법칙'이란 것이 있습니다. 식물에 필요한 질소, 인산, 칼륨 등 필수 영양소들이 아무리 풍부하더라도 그중에 가장 부족한 영양소가 식물의 성장 한계를 결정짓는다는 법칙입니다. 최소율의 법칙은 경제학의 관심 사항인 기업 경쟁력을 떠오르게 합니다. 기업의 경쟁력은 기술, 자본, 인력, 경영자의 능력, 노사 협력 등 다양한 요소에 의해 결정되는데 이 중 한 가지라도 부족하면 기업 경쟁력은 그 수준에서 멈추게 마련입니다. 사람 역시 마찬가지입니다. 행복감을 느끼려면 돈, 즉 경제적인 여유가 필수지만 건강, 안전, 환경, 우애, 자존감 등도 두루 충족돼야 합니다. 어느 하나가 모자라면 행복감은 그만큼 떨어지지요.

모든 현상에 예외 없이 작용하는 자연법칙과 달리 경제법칙은 항상 똑같은 결과를 만들어 내지는 않습니다. 이는 자연현상과 달리 사람들이 상황 변화에 따라 행동을 바꾸기 때문입니다. 그래서 1+1=2라는 결과는 자연에서는 변함이 없지만, 인간 사회에서는 1+1이 3 혹은 4, 5가 될 수도 있고 1 또는 0이 될 수도 있습니다. 1+1이 2보다 큰 숫자가 되면 '시너지 효과'를 내는 것이고 1과 0 또는 마이너스가 되면 '역(逆)시너지 효과'를 내는 것입니다. 두 사람이 모여 협업을 할 때 2의 결과를 낼 것으로 기대하지만 서로 합이 잘 맞으면 3 이상도 낼 수 있습니다. 하지만 사이가 나쁘면 1도 못 낼 수 있지요.

경제학은 어떻게 생겨났을까요?

경제학은 역사학이나 철학 등의 인문학처럼 역사가 오래되지는 않았습니다. 250년 전에야 비로소 경제학자라고 부를 만한 인물들이 유럽에 등장했거든요. 이후 경제학은 다른 어떤 학문보다 발전 속도가 빨랐습니다. 경제학은 근대 이후 세계 역사를 그대로 담고 있다고 해도 과언이 아닙니다. 경제학의 형성과 발전 과정이 산업혁명 이후 급속도로 성장한 세계 경제의 발전 과정과 일치하기 때문입니다. 그래서 오늘날 사회과학 분야 중 가장 중요시되고 있는 학문이지요. 세계 어느 시대, 어느 나라든 국민이 먹고사는 문제, 국부와 국력을 키우는 과제를 가지고 있기에 그 필요성이 강조되는 것입니다.

이번 장에서는 세계 경제의 발전 과정과 경제학이 탄생한 배경에 대해 살펴보겠습니다.

경제학은 갑자기 나타난
'갑툭튀'가 아니에요

모든 나라의 최대 고민은 부국강병이었어요

경제학은 역사가 깊지 않지만 그렇다고 해서 어느 날 갑자기 툭 튀어나온 '갑툭튀' 학문은 아닙니다. 경제학의 뿌리가 되는, 사람이 먹고사는 문제에 관한 고민은 인류의 역사만큼이나 오래되었기 때문입니다. 인류가 농사를 짓고 도시에 모여 살며 국가를 이루게 된 고대에도 국가가 직면한 문제는 지금과 크게 다르지 않았습니다. 국민이 살아갈 수 있도록 식량과 일자리를 마련해야 했고, 외적의 침입을 경계해야 했으며 홍수나 가뭄 등 자연 재난에도 대비해야 했습니다. 그러려면 국민의 생산 활동이 활발하고, 국가는 부를 축적해 필요한 곳에 적절히 쓸 수 있어야 했습니다. 고대나 현대나 국가의 과제는 같다고 볼 수 있지요.

인류의 경제사를 돌이켜 보면 크게 고대, 중세, 근대, 현대, 네 단계로 나눌 수 있습니다. 먼저 1만 년 전, 지구의 마지막 빙하기가 끝나고 날씨가 따뜻해지면서 인류는 동물을 사냥하거나 과일, 풀 등을 채집해 먹으며 살았던 수렵·채집 시대에서 벗어나 농사를 짓는 농업혁명이 일어났습니다. 식량을 생산하고 남는 곡식을 비축할 수 있게 되자 인구가 늘어났고, 증가한 인구를 부양하기 위해 더 많은 농지가 필요해졌습니다. 또 농사를 지으려면 물이 필요했기 때문에 강 주변에 모여 살았습니다. 세계 4대 문명인 메소포타미아 문명, 이집트 문명, 황허 문명, 인더스 문명이 모두 큰 강 유역에서 생겨난 이유입니다.

하지만 강 유역은 늘 홍수 위험이 있었고, 비가 오지 않으면 극심한 가뭄을 겪어야 하는 등 재난의 가능성이 도사리고 있었습니다. 농사를 짓기 위해서는 둑을 쌓고 물길을 조절하는 대대적인 관개 사업이 필수였습니다. 관개 사업을 펴려면 수많은 인력을 동원할 수 있는 강력한 통치자가 필요했습니다. 중국, 이집트, 페르시아 등에 강력한 권력을 쥔 왕(황제)이 등장한 것도 이와 같은 이유에서였지요. 관개와 농사 기술이 발달하면서 농업 생산력이 높아졌고 먹고 남을 만큼 식량 생산이 이뤄졌습니다. 이때부터 사유 재산이 생겨났고, 각자의 생산 능력에 따라 상하 계급이 나뉘기 시작했습니다. 도시 단위의 국가는 부족 국가로 확장했고, 부족 국가는 통합과 정복을 통해 고대 국가로 확장해 나갔습니다.

국가를 유지하려면 적으로부터 위협을 막고(국방), 백성을 다스리며(행정), 범죄로부터 사회 질서를 유지(치안)하는 기능이 필수적입니다. 군대, 관료, 경찰이 필요한 것이지요. 이런 집단은 농업, 공업, 상업 등의 생산

나일강 유역에서 형성된 이집트 문명의
모습이 담겨 있는 그림.

활동을 하지 않으므로 국가가 세금을 걷어 봉급을 줘야 유지될 수 있습니다. 그래서 고대 국가의 백성들은 세금을 내고 지배자에게 복종하는 대신, 전쟁이나 자연 재난 등 위험으로부터 자신의 안전을 국가에 위탁했습니다.

이처럼 국가가 존속하려면 시대를 막론하고, 경제 활동이 활발하고 국방, 행정, 치안 등의 기능이 적절히 갖춰져야 합니다. 통치자의 가장 큰 고민은 나라를 부유하게 하고 강한 군사력을 유지하는 것, 즉 부국강병(富國强兵)일 수밖에 없었지요. 그렇지 못하면 주변 적들에 의해 멸망하거나 스스로 붕괴될 수밖에 없었으니까요. 이는 중세, 근대에도 마찬가지였습니다.

고대 법률에도 경제 활동에 관한 조항이 많았어요

사람은 홀로 살 수 없는 '사회적 동물'입니다. 예나 지금이나 각자 필요한 것을 교환하고 거래해야 생활을 유지할 수 있지요. 사람들이 관계를 맺고 거래를 하다 보면 언제나 마찰과 갈등이 일어나게 마련입니다. 그래서 고대부터 개인과 경제에 적용되는 규칙, 즉 법이 생겨났습니다. 어떤 스포츠 종목이든 경기 규칙과 심판이 있어야 하는 것처럼, 경제 활동에도 반드시 지켜야 할 규칙과 그것을 어겼을 경우 판정하고 처벌하는 국가의 역할이 필요합니다. 경제 활동에 규칙(법)과 심판(국가)이 없다면 서로 믿고 거래하기 어려울 것이고, 강자가 약자를 힘으로 눌러 그야말로 약육강식의 논리가 지배하는 정글 같은 사회가 될 것입니다.

우르남무 법전이 발견되기 이전까지 가장 오래된 법전으로 알려진 것은 약 3800년 전에 만들어진, 바빌로니아 왕국(지금 이라크 지역)의 함무라비 법전입니다. 함무라비왕 때 제정된 이 법전에는 '사람을 죽인 자는 사형에 처한다'와 같은 형벌 조항도 있지만, 절반 이상이 사람들 간의 거래에서 발생하는 경제 문제를 해결하고 처벌하는 조항들로 구성되어 있습니다. 상거래의 계약 불이행, 빚을 안 갚는 문제, 임금을 안 주는 문제 등 경제 활동의 다양한 분쟁을 조정하는 게 함무라비 법전이 만들어진 목적인 것이지요. 이를테면 자기 땅에 물을 대려다가 다른 사람의 땅에 물이 차게 만들어 곡식을 못 쓰게 만들었다면 이에 대해 변상한다든지 소, 양, 돼지 등 가축을 훔친 도둑은 10배로 보상하되 돈이 없으면 사형에 처한다는 것들입니다.

근대 이후 유럽 법률의 토대가 된 로마 제국의 법률도 기본 체계는 함무라비 법전과 비슷했습니다. 로마 제국은 광대한 정복지의 수많은 이민족을 다스리기 위해 누구에게나 적용되는 법을 만들었는데요. 여기에 화폐 제도, 사람들 간의 거래, 계약, 노예 매매 등 경제 분쟁에 관한 규정들이 즐비했습니다.

파리 루브르박물관에 전시된 함무라비 법전 비석.
개인 간 거래, 손해배상, 무역 등 경제와 관련한 조항을 비롯하여
282개의 판례법이 새겨져 있습니다.

역사를 주도한 나라들은 대개 무역 강국이었어요

고대에 부국강병을 이룬 방법은 보통 정복 아니면 상거래, 무역이었습니다. 정복으로 성장한 국가는 주로 이웃 나라를 전쟁으로 정복하여 물자를 빼앗는 방식으로 유지됐지만 별로 오래가지 못했습니다. 아무리 군사력이 우월해도 더 강한 나라가 나타나게 마련이고, 정복에 의존하다 보니 국가를 지속하는 데 필수 요소인 경제력을 스스로 갖추기 어려웠기 때문입니다.

반면에 교역으로 성장한 국가는 대부분 역사에 큰 자취를 남겼습니다. 인류 최초의 무역 국가로 꼽히는 페니키아를 필두로, 고대 그리스의 맹주였던 아테네, 지중해를 자신들의 연못으로 만든 로마 제국, 도시 국가이면서 중세부터 근대 초기까지 세계의 무역을 주름잡았던 베네치아, 국토의 6분의 1이 바다보다 지면이 낮은 척박한 국토의 한계를 넘어 세계 해양 무역의 선구자가 된 네덜란드, 해가 지지 않는 제국을 건설한 영국 등, 이 국가들이 모두 활발한 무역과 상거래로 번영을 구가했습니다.

로마 제국은 이탈리아 반도의 작은 도시 국가로 출발해 고대 지중해 전역을 정복하고 지배한 국가였지만 제국이 완성된 이후에는 무역으로 번성했습니다. 지중해 주변은 지역마다 기후와 토양의 차이가 커서 각지의 특산품을 주고받는 무역이 활발했습니다. 지금의 레바논 지역에서는 건축과 배 제작에 필요한 목재가, 그리스에서는 올리브와 와인이, 이집트 나일강 유역에서는 주로 밀이 생산되어 서로 교역을 통해 필요한 물품을 거래하는 식이었습니다. 그런데 단순한 물물 교환으로는 서로 가치나 용도가 다른 것을 원활하게 거래하기 어려웠습니다. 이 때문에 로마 제국은 화폐를 이용해 상거래가 활발히 이루어지게 했고, 그 결과 화폐 경제가 발전하게 되었지요. 여기에 세금을 과중하게

• 로마 제국 화폐. •

걷지 않고, 이민족 정복 뒤에도 자치를 허용하는 방식으로 오랜 기간 국가를 존속할 수 있었습니다.

몽골 제국도 잔혹하게 다른 나라를 정복하며 국가로 발전했으나 역사상 가장 큰 제국을 건설한 뒤에는 상거래가 번창한 무역 국가로 변신한 덕에 약 200년간 세계를 지배할 수 있었습니다. 몽골 제국 시절에는 동서양의 교역로인 실크로드가 가장 번성했을 뿐만 아니라, 수표와 어음을 쓸 만큼 신용에 기반한 상거래 관행을 만들었습니다. 제국 안에서는 금궤를 이고 다녀도 강도를 당하지 않을 만큼 치안도 안전했다고 합니다. 그런 몽골 제국이 몰락한 결정적 이유는 흑사병으로 인해 상거래와 교역로가 막히고, 화약의 등장으로 몽골 기마병의 군사적 장점이 사라졌기 때문이지요.

무역이 국가의 존속에 얼마나 큰 영향을 미쳤는지는 베네치아를 보면 잘 알 수 있습니다. 베네치아는 전쟁을 피해 도망친 일군의 피란민들이 갯벌 지역에 수십만 개의 말뚝을 박아 세운 도시 국가입니다. 육로를 통한 교역 방법이 없어, 바다로 나가지 않고는 살 수 없는 열악한 환경이었지

· 『베니스의 상인』 재판 장면을 묘사한 그림 ·

요. 그런 조건에서도 베네치아는 12세기부터 대항해시대가 열리기 전까지 약 300년간 당시로선 값비싼 사치품이었던 향신료와 설탕 등의 무역을 독점하며 전성기를 누렸습니다. 덕분에 인구가 10만 명 남짓한 도시 국가가 16세기에 강성했던 오스만 제국과도 겨룰 수 있을 정도였지요. 셰익스피어의 『베니스의 상인』(1596)을 보면 우리나라가 조선 중기일 때 베네치아는 이미 금융·보험 제도와 근대적인 사법 제도 등이 갖춰져 있음을 확인할 수 있습니다.

　국가의 흥망성쇠가 경제에 달렸다고 해도 과언이 아니다 보니 사람들은 자연스럽게 어떻게 하면 경제를 번영하게 만들지 궁리했습니다. 그런 연구들이 쌓이면서 경제학이 탄생할 토양이 마련되었습니다.

경제학이 탄생하기 이전에 중상주의와 중농주의가 있었어요

경제학 이전에는 어떤 연구가 있었을까요? 15~16세기 대항해시대의 유럽은 절대왕정시대이기도 했습니다. "짐이 곧 국가다"라는 프랑스 루이 14세의 말처럼, 왕이 나라 전체라고 해도 과언이 아니었지요. 왕이 절대복종하는 관료와 군대를 이용해 국가를 다스리는 체제였기 때문입니다.

언제든 싸울 준비가 돼 있는 강한 군대(상비군)를 유지하려면 돈이 많이 들었기 때문에 절대왕정시대의 왕은 막대한 통치 자금이 필요했습니다. 돈을 모으기 위해서는 세금을 잘 걷어야 했고 그러려면 해양 무역을 통해 국부를 늘리는 것이 필수였습니다. 국민이 돈을 잘 벌어야 세금을 물릴 수 있으니까요. 당시에는 해양 무역과 상공업으로 재산을 축적한 신흥 시민계급(부르주아)이 귀족들의 간섭에서 벗어나 무역과 상거래에서 더 많은 자유를 보장받기 위해 왕을 적극적으로 후원했거든요. 왕은 그렇게 모은 자금으로 군사력도 키우고, 해외 식민지도 넓혔지요. 식민지가 넓어질수록 원료 조달과 상품 판매에 유리했습니다.

이 시대에 왕과 지배층이 국부의 척도로 삼은 것은 국가가 소유한 금은의 양이었습니다. 당시 무역에서는 거래 대금을 결제할 때 금 또는 은을 사용했습니다. 따라서 수출을 최대한 늘리고 수입은 최대한 억제해 금은의 국내 유입을 늘리는 것이 필수적인 국가 정책이었지요. 이런 생각과 정책을 '중상주의(重商主義)'라고 부릅니다. 상업(무역)을 중시하고 국가가 무역을 강력히 통제해 금은 보유량을 늘리려고 한 정책입니다. 농업이 중심이던 중세 봉건시대와 달리 상업과 제조업이 국가의 주요 산업이 된 것입니다.

한편 영국이나 네덜란드 등의 선두 국가들과 달리 뒤늦게 해양 무역에 뛰어든 프랑스는 사정이 달랐습니다. 선두 국가들을 따라잡으려면 상공업만으로는 한계가 있었지요. 지금도 그렇지만 그때 프랑스는 토지가 비옥한 농업 대국이었기에, 프랑스의 왕과 지배층은 중상주의가 아닌, 농업을 중시하는 중농주의(重農主義) 정책을 폈습니다. 국민 다수가 농업에 종사했고, 대표 수출품이 밀 같은 곡물이었기 때문입니다. 중농주의는 농업을 유일하게 생산적인 산업이자 국부의 원천으로 본 사상으로, 중국 유교의 농본주의(農本主義) 사상의 영향을 받은 것이었습니다.

이렇듯 절대왕정시대의 유럽은 저마다 중상주의와 중농주의 정책을 펴면서 서로 자기 나라에 금은을 끌어모으기 위해 식민지 쟁탈전을 벌이는 등 전쟁도 불사했습니다.

절대왕정시대란?

중세 유럽은 왕이 주종 관계를 맺은 영주에게 땅과 권력을 나누어 주었고 지방의 재판권이나 세금에 간섭하지 않았습니다. 이를 봉건제도라고 합니다. 봉건제도가 무너지기 시작한 것은 중세 말부터입니다. 힘을 가진 왕이 왕권은 신이 준(왕권신수설) 것이라 주장하며 영주를 물리치고 직접 나라를 다스리기 시작했습니다. 왕 중심의 중앙집권국가가 나타난 것이지요. 이 시대를 절대왕정시대라고 합니다.

동양에서는 오래전부터
경제원리를 알았어요

춘추전국시대에는 부국강병이 급선무였어요

서양의 경제학은 18세기 애덤 스미스에 이르러서야 비로소 모습을 갖추기 시작했지만, 중국은 이보다 2500여 년 먼저 경제원리를 이해하고 있었습니다. 기원전 8세기경 중국 대륙에서는 여러 나라들이 각축을 벌였습니다. 이 시기를 춘추전국시대(BC 770~BC 221년)라고 합니다. 당시 무엇보다 부국강병이 급했던 각국은 나라 경제를 키우기 위해 그와 관련된 연구를 많이 했습니다. 다른 나라들과 치열하게 경쟁하고 전쟁에서 이기려면 나라의 힘을 길러야 했는데요. 나라의 힘은 경제력에서 나오므로 경제력을 키우는 방법을 찾기 위해 몰두한 것입니다.

모든 경제사상은 그 시대의 산물이라고 할 수 있습니다. 따라서 중국의 경제사상을 알아보려면 그 배경이 되는 역사를 간단히 살펴볼 필요가 있습니다.

　기원전 11세기에 중국 내륙 지역에 주(周)나라가 들어섰습니다. 직접 드 넓은 땅을 다스리기 어려웠던 주나라 왕은 공신이나 왕족에게 땅을 쪼개 주고 다스리게 하는 봉건제도를 채택했습니다. 이후 왕실의 내분과 외적의 침입을 겪은 주나라는 기원전 770년에 수도를 동쪽의 낙양(현재의 뤄양)으로 옮기면서 동주(東周)시대에 들어섰습니다. 이때부터 주나라 왕이 힘을 잃고 유명무실해지면서, 300여 개의 제후국 가운데 5개의 강국이 주도권을 잡고 각축을 벌이는 춘추시대가 시작되었습니다. 춘추시대에는 제(齊), 진(晉), 초(楚), 오(吳), 월(越) 등 '춘추 5패'가 다퉜습니다. 5패란 으뜸이 되는 다섯 패자(霸者), 즉 제후국을 가리킵니다.

　기원전 403년 춘추시대 최강국인 산시성을 중심으로 한 진(晉)나라가 혼란해진 틈을 타 한(韓), 위(魏), 조(趙) 세 나라로 쪼개지면서 전국시대가 도래했습니다. 이들 세 나라와 함께 기존에 있던 초, 제와 새로 등장한 진(秦), 연(燕)을 합친 일곱 나라를 '전국 7웅(雄)'이라고 합니다. 전쟁하는 나라들의 시대라는 뜻의 전국시대는 기원전 221년에 진(秦)나라의 진시황이 대륙을 통일하기까지 이어졌습니다.

　춘추전국시대란 '춘추 5패'와 '전국 7웅'이 대립하며 각축을 벌이던 시기를 합쳐서 부르는 것이지요. 이 시대에는 역사에 기록된 전쟁만 1000번이 넘을 만큼 수시로 싸움이 벌어졌습니다. 그러다 보니 부국강병과 안보를 위해 어떻게 국가를 운영해야 할지 고민이 많아졌고, 관념적인 사상이 아니라 당장 쓸 수 있는 실용적인 사상이 연구되기 시작했습니다. 이 시기에

• 그림에서처럼 춘추전국시대에는 다양한 학파와 학자들이 자유롭게 토론을 벌였습니다.
이를 '백가쟁명'이라고 합니다. •

등장한 것이 이른바 '제자백가(諸子百家)'입니다. 중국 춘추전국시대에 활약한 학자와 학파를 일컫는 말로, 공자·맹자의 유가, 노자·장자의 도가, 상앙·한비자의 법가 등이 대표적입니다. 고대 그리스 철학이나 근대를 연 르네상스(문예부흥운동)에 비견될 만큼 아주 폭넓고 깊이 있는 사상가들이 연이어 등장했지요.

중국 경제사상의 원조는 제나라 관중이었어요

춘추전국시대의 경제사상은 근대 서양의 경제학처럼 학문적인 틀을 갖춘 것은 아니었지만, 근대 경제학에 견주어도 손색이 없었습니다. 그 사

· 관중 석상 ·

상의 원조가 되는 인물이 바로 제나라 재상이었던 관중(管仲, ?~BC 645년)입니다.

제나라의 왕 환공(桓公, ?~BC 643년)은 상인 출신인 관중을 재상으로 발탁해 경제를 맡겼는데요. 관중이 워낙 탁월하게 다스린 덕에 제나라는 춘추시대에 강국이 되었습니다. 관중은 친구인 포숙(鮑叔)과 아름다운 우정을 나눠, '관포지교(管鮑之交 · 친구 사이의 깊은 우정을 의미)'라는 고사성어의 주인공이기도 한데요, 정치가로서 탁월한 실력을 발휘한 인물입니다. 그래서 중국에서는 역사상 최고의 재상으로 삼국시대의 제갈량과 함께 관중을 꼽는답니다.

관중의 경제사상은 그의 생각을 담은 책인『관자』(춘추시대)를 통해 확인할 수 있는데요. 어떻게 하면 국부를 늘리고, 국력을 키우며 백성의 생활을 안정시킬 수 있는가가 주된 관심사였습니다. 관중은 백성을 부유하게 만드는 것이 나라를 다스리는 핵심이라고 보았습니다. 백성이 부유해야 국가가 부강해지기 때문입니다. 지금은 당연한 이야기지만 2500여 년 전, 황제나 왕이 지배하던 시절에 그런 생각을 했다는 것은 놀라운 일입니다.

관중은 백성을 선비와 농민, 상공인 등으로 구분하고 분업을 해야 생산성이 높아진다고 보았습니다. 또 상인과 관리들이 결탁해 폭리를 취하는 것을 봉쇄해야 백성들이 잘살 수 있다고 보았지요. 이를 위해 관중은 농민에게 토지를 분배해 소유하게 하고, 토질에 따라 세금을 달리 매기면서 농기구와 씨앗을 나라에서 충분히 공급하도록 했습니다. 생산이 소비를 낳고, 소비가 경제를 굴러가게 한다고 본 것입니다.

관중은 "보통 사람들은 이익이 있는 곳이면 아무리 높은 산이라도 오르지 못할 곳이 없고, 아무리 깊은 물 속이라도 들어가지 않는 곳이 없다"며 사람들의 이기적인 본성을 파악했습니다. 그러면서 "사람은 창고가 차야 예절을 알고, 입고 먹는 것이 풍족해야 영욕을 안다"고 했습니다. 물질적으로 부족함이 없어야 백성이 예의를 지키고 국가에 순응한다는 말입니다. '경제가 곧 정치'라고 보았던 관중은 상업 및 무역 장려, 수공업 권장, 토지 및 세금 제도 개혁, 물가 조절, 소금·철 등의 국가 관리를 통해 재정을 튼튼히 함으로써 제나라를 강국으로 이끌 수 있었습니다.

오늘날 관중의 경제사상은 애덤 스미스의 자유방임주의, 칼 마르크스(Karl Marx, 1818~1883년)의 사회주의, 현대의 존 메이너드 케인스(John Maynard Keynes, 1883~1946년)와 밀턴 프리드먼(Milton Friedman, 1912~2006년) 등의 경제학 이론이 두루 담겨 있다는 평가를 받습니다. 일본이 19세기에 메이지 유신(1868년)이 성공해 근대화를 이룬 것도 꾸준히 관중의 사상을 연구한 덕이라고 합니다. 오늘날 중국 지도층도 관중의 사상을 부국강병의 교과서로 삼아 깊이 공부했다고 하고요. 모든 나라가 꿈꾸는 부국강병을 이루는 가장 현실적인 방법을 관중이 이미 2500여 년 전에 고안한 셈입니다.

맹자와 한비자도 경제원리를 이미 알고 있었어요

· 맹자 ·

맹자(孟子, BC 372~BC 289년)는 전국시대에 약소국이었던 노(魯)나라 출신으로 알려져 있습니다. 맹자는 '백성이 나라의 근본이며 임금은 덕으로 다스려야 한다'는 덕치(德治)를 강조한 유교 사상가였습니다. 이와 함께 현실 문제에도 남다른 관심을 가졌는데요. 맹자의 경제관은 한마디로 '생활이 안정되지 않으면 바른 마음을 갖기 어렵다'는 뜻의 '무항산 무항심(無恒産 無恒心)'이었습니다.

이 말은 민생 안정이 통치의 근본이며 왕이 반드시 실천해야 할 도리임을 강조한 것입니다. 맹자는 불안한 생활로 마음이 흔들려 죄를 지은 백성들을 국가가 처벌하는 것은 마치 백성을 상대로 그물을 던져 잡아들이는 것과 같다고 생각했습니다. 황제나 왕은 하늘에서 내린다고 보았던 고대에 이런 생각을 가졌다는 것만으로도 현대의 경제사상과 비견할 만합니다.

전국시대 말기에 활동한 한나라의 한비자(韓非子, ?~BC 233년)는 성악설을 주장한 순자(荀子, BC 298~BC 238년)에게 배운 법가 사상가입니다. 공자·맹자의 유가가 인간의 수양과 도덕을 강조했다면 법가는 엄격한 법으로 나라를 다스려야 한다고 보았습니다. 당시 한나라는 '전국 7웅' 가운데 가장 약했는데요. 한비자는 그런 나라를 부강하게 만들 방안을 고민하면서 사람들이 어떤 동기로 행동하는지를 깊이 관찰했습니다. 그래서 한비자의 사상은 경제원리와 상당히 밀접한 연관이 있습니다.

한비자는 자신의 저서 『한비자』(전국시대)에서 이렇게 말했습니다.

> "수레를 만드는 사람은 사람들이 부귀해지기를 바라고, 관을 짜는 사람은 사람들이 요절하기를 바란다. 이는 수레를 만드는 사람이 어질고, 관을 짜는 사람이 악해서가 아니다. 사람이 부유해지지 않으면 수레가 팔리지 않고, 사람이 죽지 않으면 관을 팔 수 없기 때문이다."

이 말은 약 2000년 뒤에 애덤 스미스가 『국부론』에서 "우리가 저녁 식사를 할 수 있는 것은 정육점 주인, 양조장 주인, 빵집 주인의 박애심 덕분이 아니라, 그들의 돈을 벌려는 관심 덕분이다"라고 말했던 것과 거의 일치합니다.

한비자는 경제 활동을 비롯한 사람들의 모든 행동은 이기심에서 나온다고 보아 "이익이 걸리면 적과도 화해하지만, 손해가 생기면 가족 간에도 원망한다"고 주장했습니다. 따라서 부국강병을 위해서는 법으로 적절히 통제하되, 사람들의 이기심을 적극적으로 활용해야 나라 곳간이 풍요로 워진다고 보았지요.

관중, 맹자, 한비자 등 춘추전국시대 사상가들은 경제원리를 깊이 이해 했지만, 이후 중국에서는 이런 사상들을 실제로 국가 통치에 널리 활용하지 못했습니다. 오랜 분열과 전쟁이 끝난 뒤 진나라, 한(漢)나라처럼 대륙을 통일한 왕조가 들어서자 국가의 관심이 부국강병과 민생보다 안정적인 통치를 위한 유가(유교) 사상으로 기울었기 때문입니다. 황제는 '하늘이 내린 인물(天子·천자)'로서 모든 권력을 쥔 통치자로 추앙받았고, 자유로운 경제 활동보다는 관리들의 복종과 백성에 대한 통제를 더 중요시했지요. 그래야 왕조의 권력이 오래 유지될 수 있었으니까요.

조선의 실학사상과 경제학은 비슷해요

그렇다면 우리나라는 어땠을까요? 신라의 장보고(張保皐, ?~846년)는 완도에 청해진을 설치해 해양 무역을 주도했습니다. 고려시대의 벽란도는 아라비아 상인들이 드나들 만큼 개방적이고, 무역이 활기를 띠어 동아시아의 경제 중심지 역할을 했지요. 조선 초 세종 때는 기술 혁신이 일어나며 측우기 등 각종 발명품이 등장했고, 글을 모르는 백성을 위해 한글을 창제할 정도로 실용주의와 애민(愛民) 사상이 지배적인 분위기였습니다.

그러나 이후 지배층인 양반들의 권력 다툼이 거세지고, 백성을 통제하

• 새로운 건축 사상과 기술, 축성 방법 등 정약용의 실학사상이 고스란히 녹아 있는 수원화성 •

기 위해 유교 이념을 더욱 강조하면서 사농공상(士農工商)의 신분 제도와 관존민비(官尊民卑)의 위계질서가 콘크리트처럼 굳어졌습니다. 사농공상은 백성을 나누는 네 가지 계급으로 '선비(양반), 농민, 수공인, 상인'을 일컫던 말입니다. 백성의 생활 수준을 높이려면 공업과 상업을 우대하고 생산 활동과 상거래가 활발해야 하는데 유교 경전이나 읽는 양반이 가장 높은 지위에 앉아 백성들을 착취하니 대다수 백성은 가난을 면치 못했지요. 관존민비는 '관리를 존중하고 백성은 비하한다'는 말입니다. 관리가 경제 활동의 주체인 백성 위에 군림하며 착취하는 사회에서 과연 생산과 상거래가 활성화될 수 있었을까요? 특히 임진왜란과 병자호란을 겪은 조선 후기에는 지배층이 서로의 정적을 제거하기 위해 당쟁을 일삼고 세금을 가혹하게 걷으면서 백성들이 고향을 등지고 도망치는 일이 허다했습니다.

그렇게 나라가 쇠망하던 중 17~18세기에 유형원(柳馨遠, 1622~1673년),

이익(李瀷, 1681~1763년), 박제가(朴齊家, 1750~1805년), 박지원(朴趾源, 1737~1805년), 정약용 등 실학을 내세운 신진 학자들이 대거 등장해 민생과 사회 문제를 개혁하려는 움직임이 일어났습니다. 중국 청나라와 서양의 앞선 문물을 접한 이들은 유교의 형식적이고 관념적인 이론을 배격하고, 실제 백성의 삶과 부국강병에 도움이 되는 학문을 연구했습니다. 그래서 실학자들이 대거 공직에 등용된 정조(正祖, 1752~1800년) 때는 '조선의 르네상스'라고 할 만큼 실용적이고 개혁적인 분위기가 조선에 형성되기도 했습니다.

실학사상은 실사구시(實事求是), 경세치용(經世致用), 이용후생(利用厚生)으로 요약됩니다. 실사구시는 '실제 확인된 사실에 근거해 진리를 탐구하는 자세'이고, 경세치용은 '학문은 실제 사회에 이바지하는 것이어야 한다'는 의미이며, 이용후생은 '학문이 백성의 삶에 이롭게 쓰여 백성의 생활을 풍요롭게 해야 한다'는 것을 가리킵니다.

실학사상은 토지 개혁을 통해 농업을 중심으로 경제를 키워야 한다고 주장한 '중농(重農)학파'와 상공업을 중심으로 경제를 개혁해야 한다고 주장한 '중상(重商)학파'로 분류됩니다. 중농학파를 '경세치용 학파', 중상학파를 '이용후생 학파'라고도 부르는데요. 이는 근대 서양의 절대왕조시대의 중농주의와 중상주의를 연상시킵니다. 그러나 실학사상의 내용을 들여다보면 애덤 스미스 이후의 근대 경제학과 통하는 점이 많습니다.

불행하게도 실학사상은 지속적으로 발전하지 못했고, 국가의 통치 이념으로도 채택되지 못했습니다. 당시 지배층은 서로 당파를 이루어 싸우는 당쟁에 빠져 있었습니다. 1800년에 정조가 서거한 뒤 외척 세력의 세도 정치가 시작되며 왕들은 허수아비로 전락했고, 지배층은 민생 안정과 경제 개혁은 뒷전인 채 권력 다툼으로 허송하며 재산을 모으는 데만 치중했기 때문입니다.

영국에서는 산업혁명이 한창이고, 유럽 각국이 경쟁적으로 힘을 키우던 시기에 우리나라만 거꾸로 퇴보한 꼴입니다. 이후 조선은 나라 문을 닫아거는 쇄국 정책으로 해외 문물을 틀어막았고, 서구 열강과 일본에 의해 강제로 개방해야 했습니다. 그리고 끝내 나라를 빼앗기는 비극을 맞았지요. 국가의 통치자가 경제를 키워 국민 생활 수준을 높이고, 나라의 힘을 강하게 만드는 것이 얼마나 중요한 일인지 19세기 우리나라의 역사가 잘 보여줍니다.

영국의 산업혁명이 경제학을 탄생시켰어요

마차 대신 증기기관의 시대로 확 바뀌었어요

미국 미래학자 앨빈 토플러(Alvin Toffler, 1928~2016년)는 『제3의 물결』(1980)에서 인류의 역사를 바꾼 세 가지 큰 물결로 1만 년 전의 농업혁명, 18~19세기의 산업혁명 그리고 20세기 후반의 정보화혁명을 꼽았습니다. 농업혁명은 신석기시대에 인류가 농사를 짓기 시작하면서 도시와 국가가 생겨난 것을 말합니다. 산업혁명은 사람과 가축의 힘에 의존하던 인류가 드디어 기계를 이용해 생산 능력을 비약적으로 발전시킨 변화를 의미합니다. 그리고 정보화혁명은 인터넷과 PC 등으로 쉽게 정보에 접근하고 널리 이용할 수 있게 된 것을 가리킵니다.

이 중에서도 산업혁명은 인류 경제사와 경제학에서도 아주 중요한 사건입니다. 산업혁명을 통해 공장의 대량 생산이 이루어지면서 사람들의 생활 수준이 극적으로 개선되었고, 이것은 경제학을 태동시키는 분기점이 되었기 때문입니다. 하지만 산업혁명은 갑자기 일어난 사건이 아니며 모든 것이 금방 달라진 것도 아니었습니다. 이전부터 축적되어 온 기술들이 발명으로 이어졌고, 수십 년에 걸쳐 생산 방식을 획기적으로 개선하는 과정에서 정치, 경제, 사회, 문화 전반에 큰 변화를 몰고 온 것이었지요.

산업혁명은 1760년대부터 1830년까지 영국에서 일어난 약 70년간의 지속적인 공업화 과정을 말합니다. 수업 시간에 배운 것처럼 1760년대에 방적기와 증기기관이 등장하며 생산량이 크게 늘었고, 1830년에는 세계 최초로 영국의 면직물 생산 중심지인 맨체스터와 항구 도시 리버풀 간에 증기기관 철도가 개통되었습니다.

당시의 변화는 실을 만드는 속도만 봐도 잘 알 수 있습니다. 손으로 물레를 돌리던 산업혁명 이전에는 실 1파운드(450g)를 생산하려면 500시간이 걸렸다고 합니다. 그러나 방직기와 증기기관을 이용하자 20시간으로 대폭 단축되었고, 산업혁명 막바지인 1820년대에는 1시간 20분까지 줄었지요. 실 생산 속도가 이전보다 약 400배쯤 빨라진 셈입니다. 산업혁명은 영국에서 시작해 19세기에는 프랑스, 미국, 독일, 이탈리아, 러시아, 일본 등으로 퍼져 나갔고, 20세기 후반에는 우리나라와 중국을 비롯한 아시아, 중남미로도 확산되어 세계 곳곳이 농업 사회에서 산업 사회로 발전했습니다.

역사학자들은 산업혁명을 '기술혁명이자 속도혁명, 에너지혁명'이라고 정의했습니다. 이 시기에 각종 기계 발명이 이루어졌고, 빠른 증기기관차가 마차를 대신했으며, 사람과 가축의 힘이나 나무, 바람에 의존하던 에

산업혁명 이전에 대부분의 제조업은 집에서 행해졌습니다.
그러던 것이 기계가 급속도로 발달하며 산업에 많은 변화가 생겨났습니다.
노동자들에게는 극도로 힘든 조건이었지만,
산업혁명기는 무역이 번창하고 주요 국가들이 빠르게 발전하는 시대였습니다.

너지가 화석 연료(석탄)로 바뀌었기 때문이지요. 그리고 이러한 산업혁명의 초기에 활동했던 인물이 바로 애덤 스미스였습니다.

1776년은 세계사의 중요한 분기점이었어요

영국에서 산업혁명이 한창이던 1776년에 정치와 경제에 지대한 영향을 미친 두 사건이 있었습니다. 하나는 세계 최초의 근대적인 민주국가인 미국이 독립한 것이고, 다른 하나는 경제학의 탄생을 알리는 애덤 스미스의 『국부론』이 출간된 것이었습니다. 왕이 없는 최초의 나라인 미국의 등장은 전 세계에 민주주의가 퍼져 나가는 분기점이 되었습니다. 또 『국부론』은

• 영국과 세계의 산업혁명을 촉진한 와트의 증기기관 •

사람들이 이익을 추구하는 것이 모두의 이익(공익)에 기여한다는 사실을 일깨우며 경제학을 등장시켰습니다. 역사학자 아놀드 조셉 토인비(Arnold Joseph Toynbee, 1889~1975년)는 "애덤 스미스의 『국부론』과 제임스 와트의 증기기관 덕분에 인류는 구(舊)세계를 마감하고 신(新)세계로 나아가게 되었다"고 말하기도 했지요.

왜 『국부론』을 경제학의 출발점으로 볼까요? 이 책이 경제가 돌아가는 기본 원리와 함께 국가의 부를 늘리고 국민의 삶을 개선하는 길을 명확하게 제시했기 때문입니다. 애덤 스미스는 사람은 누구나 본능적으로 잘살고 싶은 이기심을 가졌는데, 이를 억누르면 국가와 국민이 빈곤해진다고 보았습니다. 차라리 이기심을 이용해 각자 자유롭게 경제 활동을 하게 하면 시장의 '보이지 않는 손'(invisible hand)에 의해 국가의 부가 늘어난다고 보았지요. 보이지 않는 손은 시장에서 일어나는 자연스러운 현상을 비유적으로 표현한 말입니다. 애덤 스미스는 그것이 무엇인지 알 수는 없지만, 분명히 존재하며 각자의 이기심을 국부로 이끌어 주는 신의 섭리 같은 것이라고 이해했습니다.

애덤 스미스는 당시 국왕이 소유한 금은보화가 한 나라의 국부라고 주장한 중상주의자들을 신랄하게 비판했습니다. 그는 국부의 척도는 금은의 보유량이 아니라 사회 전체가 소비하는 상품의 양, 즉 국민의 생활 수준이라고 보았습니다. 따라서 국부를 늘리려면 분업과 무역이 활발해져야 하며, 이를 권장하기 위해 국가가 국민의 생산 활동을 통제하거나 간섭하지 말고 자유롭게 놔둬야 한다고 주장했습니다.

• 네덜란드 포목상 길드의 모습을 엿볼 수 있는 렘브란트 〈포목상 조합의 이사들〉 •

분업 효과와 관련해서는 애덤 스미스의 핀 생산 공장 사례가 유명한데요. 핀 공장을 관찰하였더니 숙련되지 않은 작업자는 혼자서 하루에 최대 20개의 핀을 만들지만, 작업을 18개 공정으로 나눈 뒤 10명이 나눠서 일했더니 하루에 4만 8000개를 생산할 수 있었다는 겁니다. 20개였던 1인당 생산량이 4800개로 급증한 것을 보면 분업이 얼마나 효과적인지 쉽게 이해할 수 있습니다.

애덤 스미스가 가장 혐오한 것은 특정 집단이 자신들만의 이익을 위해 지배층과 결탁해 국민의 자유로운 생산 활동을 규제하고 외국 상품의 수입을 금지하는 것이었습니다. 당시 영국에서는 대규모의 토지를 가진 지주들(귀족)과 수공업자들의 이익 집단인 길드(동업자 조합), 왕의 허가를 받은 독점적인 무역업자들이 의회를 움직여 외국 농산물과 상품 수입을 금지하고, 새로운 사업자의 등장을 가로막는 법을 제정하게 했습니다. 이런 규제를 통해 특정 이익 집단들은 큰 이익을 누렸지만 높은 물가와 부족한 물자로 인해 도시 빈민과 소작농의 생활은 어려울 수밖에 없었지요. 이에 애덤 스미스는 자유로운 무역을 가로막는 규제들과 그런 규제를 만든 의회를 공격했습니다. 이처럼 '국가의 간섭을 최대한 줄이고 자유롭게 경제활동을 할 수 있게 하라'고 주장한 데서 애덤 스미스의 사상을 '자유방임주의'라고 부릅니다.

『국부론』은 경제학이 무엇인지 보여 줬어요

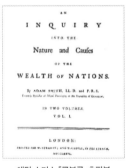

• 애덤 스미스 『국부론』 초판본 •

『국부론』이 영국 정부의 경제 정책에 반영되면서 19세기 들어 산업혁명에 더욱 가속도가 붙었습니다. 그 결과 영국산 제품이 세계 시장을 주름잡았고 영국은 '세계의 공장'으로 떠올랐습니다. 당시 영국인들은 세계 최고 수준의 생활을 누렸고, 세계 곳곳에 식민지를 건설해 영국은 '해가 지지 않는 나라'로도 불렸습니다. 『국부론』에 제시된 국가 전체의 부를 축적하고 국민의 삶을 개선하는 방법이 현실에서 입증된 셈입니다.

산업혁명이라는 배경에서 탄생한 애덤 스미스의 사상은 인류 역사상 이전에는 전혀 경험하지 못한 물질문명의 풍요를 가져왔습니다. 그전까지는 생산 능력의 발전이 너무 더뎌 인류의 삶이 거의 제자리걸음이었습니다. 식량 생산량이 늘면 덩달아 인구가 늘어났고, 다시 식량이 부족해지면 기근이나 전쟁 등으로 죽고 죽이는 일이 다반사였지요. 직업도 대대로 물려받아 할아버지가 대장장이면 아버지도 대장장이, 아들도 대장장이인 것이 보통이었습니다. 또 개인이 이익을 추구하는 행위는 금욕과 이타심을 강조한 기독교 사회에서 악덕이자 비난의 대상이었습니다. 전염병이나 기근 등 위기가 닥칠 때마다 유대인이 박해를 받았던 것도 그들이 고리대금업 등으로 부유했기 때문입니다. 이런 분위기는 19세기 중반에 발표된 찰스 디킨스의 『크리스마스 캐럴』 속 구두쇠 영감인 스크루지가 유대인으로 나오는 것에서도 확인할 수 있지요.

그런 환경에서 개개인의 이익 추구가 전체의 이익에 기여한다는 애덤 스미스의 사상은 당시 새롭게 떠오른 신흥 시민 계급에게 열렬한 환영을 받았습니다. 이렇듯 이윤 추구가 사회의 악덕이 아니라 미덕이 된다는 관점에서 『국부론』은 자본주의와 시장경제를 근간으로 하는 현대 경제 체제와 경제학의 밑바탕이 되었습니다.

애덤 스미스는 평생 스스로를 도덕 철학자로 자부하며, 경제학자라고 여긴 적이 없었습니다. 위대한 경제학자들의 다양한 모습을 담은 『죽은 경제학자의 살아 있는 아이디어』(1989)에서 토드 부크홀츠(Todd G. Buchholz)는 애덤 스미스에 대해 "시장을 발명하지도, 경제학을 창시하지도 않았지만, 시장이 어떤 것인지, 경제학이 무엇인지를 보여 주었다"고 설명했습니다. 그 때문에 우리가 어려운 경제학을 공부하게 됐지만 말입니다.

후발 국가들은 경제이론이 달랐어요

유럽과 미국은 뒤늦게 공업화에 나섰어요

영국의 산업혁명은 애덤 스미스의 '자유방임주의'로 날개를 달았지만 다른 나라들은 사정이 많이 달랐습니다. 당시 영국은 방직기와 증기기관, 철도를 이용해 세계 면직물 시장을 장악하고 바다로 진출해 곳곳에 식민지를 건설했습니다. 반면에 영국산 면직물을 수입하는 후발국들은 자국 산업이 뒤처져 있어 자유롭게 수입하도록 놔둬서는 영국을 따라잡을 수 없었습니다. 뒤늦게 공업화에 뛰어든 나라들을 '후발 국가'라고 부르는데 프랑스, 독일, 이탈리아, 네덜란드, 스위스 같은 나라들이었습니다.

후발 국가들의 입장에서는 영국의 질 좋고 값싼 면직물이 쏟아져 들어올수록 수입량만 늘 뿐이었습니다. 수출할 상품이 변변치 않았기 때문입니다. 산업혁명을 통해 공업화가 이루어지기까지 막대한 자금과 기술이 필요한데, 여기에는 긴 시간이 걸릴 수밖에 없었습니다. 저만치 앞서가는 영국을 따라잡기 위해서는 영국산 제품의 수입을 막고, 자국 산업을 키워야 했습니다. 마라톤에서 앞선 경쟁자를 제치려면 필사적으로 더 달려야 하는 것처럼요.

19세기 초에 있었던 나폴레옹 전쟁도 경제사 측면에서 보면 후발 국가인 프랑스가 영국을 추격하는 과정에서 일어난 사건으로 해석할 수 있습니다. 나폴레옹(Napoléon I, 1769~1821년)은 전쟁 초기에 영국을 침공하려다 넬슨 제독(Horatio Nelson, 1758~1805년)에게 막힌 뒤, 1806년 영국과 유럽 대륙의 왕래를 막는 대륙 봉쇄령을 내렸습니다. 이로 인해 영국 상품이 유럽으로 수출되는 길이 막혔고, 유럽의 제품과 원재료도 영국으로 갈 수 없게 되었습니다. 8년간 대륙 봉쇄령이 시행된 동안 프랑스를 비롯해 여러 나라에서 생활필수품 가격이 폭등하고 물자 부족 현상이 발생했습니다. 영국도 수출이 막혀 큰 어려움을 겪었고요.

하지만 그 덕분에 산업혁명에 뒤처졌던 후발 국가들이 기대치 않았던 효과를 누리게 되었습니다. 영국의 값싼 면직물이 들어오지 못하는 동안 자국의 면직물 산업을 키울 시간을 벌었던 것입니다. 1812년에 대륙 봉쇄령이 해제되었을 때 스위스, 미국 등 몇몇 나라는 면직물 분야에서 영국과 어깨를 겨룰 만큼 발전했습니다. 특히 미국은 남부 농업 지대와 북부 공업 지대로 분업이 이루어지며 빠르게 성장했습니다. 결국 대륙 봉쇄령으로 인해 홀로 앞서가던 영국은 잠시 멈춰 서고, 후발 국가들이 어느 정도 따라붙게 되었지요.

1805년 트라팔가르 해전의 모습을 담은 그림.
넬슨 제독이 이끈 영국 해군은
나폴레옹이 꿈꾼 유럽 제국 건설의 야망을 좌절시켰습니다.

진짜 공업화는 19세기 후반에 일어났어요

19세기 후반이 되자 후발 국가들은 수입을 억제하는 보호무역 정책을 펴면서 자국의 산업을 육성하는 데 힘을 기울였습니다. 자국의 산업을 발전시키기 위해 수입 물품에 높은 관세를 물리거나 수입을 금지하는 식으로 대처한 것입니다. 17~18세기 절대왕정시대의 중상주의 정책을 19세기에 다시 도입했다고 해서 이 시기를 신(新)중상주의시대라고도 부릅니다.

19세기 전반에는 영국이 세계 최강대국이었지만 19세기 후반이 되자 산업혁명에 성공한 독일, 미국 등의 후발 국가들이 빠르게 발전하기 시작했습니다. 특히 중공업이 급성장한 이 시기를 섬유처럼 경공업 중심인 영국의 산업혁명과 구분해 2차 산업혁명이라고 부릅니다. 2차 산업혁명에선 석탄 대신 석유와 전기를 이용하면서 철강, 화학, 자동차 등 중공업이 급속히 발전했습니다. 석유와 전기를 활용하게 되면서 중화학공업이 크게 발전했다는 점에서 진짜 공업화라고 할 수 있지요.

미국은 남북전쟁 직후인 1869년에 대륙 횡단 철도를 개통하며 드넓은 나라를 하나의 경제권으로 묶었습니다. 광대한 영토와 풍부한 지하자원, 끊임없이 유입되는 이민자들에 힘입어 미국은 급속도로 경제가 발전했습니다. '강철 왕' 앤드루 카네기(Andrew Carnegie, 1835~1919년), '석유 왕' 존 데이비슨 록펠러(John Davison Rockefeller, 1839~1937년), '금융 왕' 존 피어폰트 모건(John Pierpont Morgan, 1837~1913년) 등 많은 기업가들이 등장해 철강, 석유, 철도, 화학, 금융 등을 세계 최대 규모로 성장시켰

습니다. 누구나 열심히 노
력하면 성공할 수 있다는
'아메리칸 드림(American
Dream)'이라는 말이 생겨
날 정도로, 발명과 기술 혁
신, 창업과 투자가 봇물 터
지듯 일어났습니다.

• 최초의 가솔린엔진 자동차 •

독일도 19세기 후반에
국산품 소비를 장려하고
완성품 수입을 제한하는 한편, 저임금 숙련 노동자를 확보해 수출에 매진
하면서 급성장했습니다. 특히 증기 자동차가 아닌 휘발유 자동차의 발명
으로 기계 산업 분야에서 앞서가며 화학, 철강 등 다른 중화학공업도 두루
발전시켰습니다. 그 결과 1900년에 이르러 미국과 독일은 영국을 제치고
공업 생산에서 세계 1, 2위 국가가 되었습니다.

문제는 영국, 미국, 독일, 프랑스 등이 대량 생산에 나서면서 상품 수요
에 비해 공급이 넘쳐 세계적으로 심각한 경기 불황이 도래했다는 것입니
다. 새로운 시장을 찾기 위해 경쟁적으로 식민지를 개척하다 보니 충돌
이 잦았고, 급기야 제1차 세계대전(1914~1918년)으로 이어졌습니다. 이러
한 사실만 봐도 전쟁의 이면에는 대부분 경제적인 요인이 도사리고 있음
을 알 수 있습니다.

모든 경제이론은 그 시대의 산물이에요

19세기까지는 여전히 영국이 경제학을 주도했습니다. 데이비드 리카도(David Ricardo, 1772~1823년), 토머스 맬서스(Thomas Malthus, 1766~1834년), 존 스튜어트 밀(John Stuart Mill, 1806~1873년) 등 애덤 스미스를 계승한 학자들이 연이어 등장했지요. 그러나 후발 국가인 미국과 독일에서는 영국의 자유무역 이론을 배척하는 분위기가 강했습니다. 자유무역은 선발 국가가 경쟁자들의 진입을 막는 '사다리 걷어차기'와 다름없다며, 보호무역을 통해 수입을 억제하고 자국의 '유치산업(infant industry)'을 보호해야 경제 발전을 이룰 수 있다고 보았지요. 유치산업이란 어린아이처럼 아직 걸음마 단계인 산업을 뜻합니다. 이런 산업을 선진국의 강자들과 경쟁하게 내버려 두면 망할 게 뻔하므로 국가가 보호해야 한다고 주장한 것입니다.

유치산업 보호론을 주장한 인물은 미국의 초대 재무 장관을 지낸 알렉산더 해밀턴(Alexander Hamilton, 1755 혹은 1757~1804년)과 독일의 경제학자 프리드리히 리스트(Friedrich List, 1789~1846년)입니다. 해밀턴은 10달러짜리 지폐에 그려진 인물로, 미국의 금융과 산업의 기초를 닦았다는 평가를 받습니다. 그는 보호무역과 자국 우선주의를 주장했지요. 리스트는 미국에 망명해 있는 동안 해밀턴의 이론을 접하고, 이를 독일로 가져가 '국민경제학'으로 발전시켰습니다. 리스트는 작은 나라들로 분열된 독일이 발전하려면 보호무역 정책 아래 전국에 철도를 깔고 관세, 도량형 등

• 알렉산더 해밀턴의 초상이 그려져 있는 10달러 지폐 •

을 통일해 경제 통합을 이뤄야 한다고 주장했습니다. 리스트는 1846년에 사망했지만 그가 주창한 국민경제학은 1870년대 오토 폰 비스마르크(Otto Eduard Leopold von Bismarck, 1815~1898년)에 의해 계승돼 독일 통일의 이론적 배경이 되었답니다.

이처럼 경제학은 어느 나라든지 그 시대에 절실하게 필요한 문제에 관심을 기울이기 마련입니다. 애덤 스미스가 국민의 자유로운 생산 활동과 자유무역의 중요성을 강조해 영국의 산업혁명을 뒷받침했듯이, 후발 국가인 미국과 독일의 산업 발전 과정에는 해밀턴이나 리스트의 이론이 큰 영향을 미쳤습니다. 후진국으로 남아 있기는 싫지만 환경이나 여건상 선진국의 경제이론을 따라가기란 쉽지 않습니다. 그래서 각 나라의 경제 수준에 걸맞은 경제학 이론이 필요하지요. 경제학 이론이 그 시대의 산물이 되는 것은 이 때문입니다.

우리나라도 1960년대에 경제 개발을 시작할 때 보호무역과 유치산업 보호 등 리스트의 국민경제학을 기반으로 삼았습니다. 농업 위주의 후진 국이었지만 고속도로를 놓고 중화학공업에 집중적으로 투자하며 수출에 주력하는 한편 수입을 억제하고 국내 산업을 키워 외환(달러)이 빠져나가는 것을 강력하게 규제하는 정책을 폈지요. 지금도 개발도상국들이 공업화에 나설 때면 흔히 이런 방향으로 정책을 폅니다. 아무 산업 기반도 없는 후발 국가가 선진국과 자유롭게 경쟁할 수는 없으니까요.

오늘날 세계의 불황이 계속되며 주요 선진국들은 국익을 앞세워 자국 기업 보호와 관세 인상 등 수입 규제에 골몰하고 있습니다. 최강대국인 미국부터 그런 식이어서 세계 경제에 그늘이 지고, 신중상주의가 다시 고개를 드는 것 같습니다. 경제학자마다 이론과 주장이 하늘과 땅 차이지만 거의 모든 경제학자가 의견을 일치하는 것이 있습니다. 그것은 바로 자유무역이 세계 경제에 도움이 된다는 점입니다. 하지만 언제든 나라 경제가 어려워지면 '나부터 살자'는 식의 보호무역과 자국 우선주의가 득세하는 게 일반적입니다. 그런 점에서 경제는 정치와 떼려야 뗄 수 없는 관계이고, 경제학도 시대와 국가에 따라 변화할 수밖에 없습니다.

'국가 경제의 키'는 GDP로 비교해요

한 나라의 경제 크기를 비교할 때 'GDP'라는 경제지표를 활용해요. 'Gross Domestic Product'의 앞 글자를 딴 말로, 우리말로 '국내총생산'으로 번역합니다. GDP는 한마디로 국가 경제의 키와 몸무게라고 할 수 있어요. GDP를 통해 우리나라 경제가 전년보다 얼마나 성장했는지를 파악할 수 있고, 다른 나라들과 비교해 어느 수준인지도 파악할 수 있습니다. 청소년들이 해마다 신체검사 때 키와 몸무게를 재고 1년 사이에 얼마나 성장했는지, 평균에 비해 어느 수준인지 살펴보는 것과 같지요.

GDP는 경제학을 공부할 때 아주 중요한 개념입니다. 나라 경제가 해마다 성장해야 일자리가 늘고 세금도 잘 걷힙니다. 그래야 국민의 생활 수준이 높아지고 국방, 복지, 교육, 과학기술 등에 투자도 많이 할 수 있지요. 부강한 나라가 되려면 무엇보다 GDP가 꾸준히 커져야 합니다.

경제 기사를 보면 종종 우리나라가 '세계 10위권 경제 대국'이라고 합니다. 이는 국가별 GDP로 세계의 모든 나라를 비교했을 때, 우리나라가 해마다 10~13위 수준이라는 의미입니다. 현재 세계에서 GDP가 가장 큰

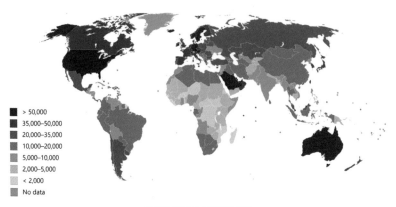

> 50,000
35,000–50,000
20,000–35,000
10,000–20,000
5,000–10,000
2,000–5,000
< 2,000
No data

• 2018년 1인당 GDP별 국가 지도 •

나라는 미국이고, 다음은 중국, 일본, 독일, 영국, 프랑스 순입니다.

GDP에는 각 나라의 모든 경제 활동이 담겨 있습니다. 한 해 동안 그 나라 안에서 생산한 모든 상품과 서비스의 총합(부가가치의 총합)이기 때문입니다. 기업이 공장에 투자하고, 물건을 생산해 수출하고, 상인들이 상품을 팔고, 각자 일을 해 돈을 벌고, 정부가 예산을 집행하는 활동이 모두 포함되기 때문에 정부와 국민 전체의 한 해 '경제 성적표'라고 할 수 있지요.

'국내총생산'은 말 그대로 '우리나라 안에서' 생산된 부가가치만 계산하지 우리 기업과 국민이 해외에서 생산한 것은 포함하지 않습니다. 예를 들어 삼성전자가 베트남 공장에서 스마트폰을 생산해 미국에 팔면 우리나라 GDP가 아니라 베트남과 미국의 GDP에 포함됩니다. 반대로 미국의 애플사가 아이폰을 우리나라로 들여와 팔면 우리나라 GDP에 포함되지요.

GDP를 국민 수로 나눈 것이 1인당 GDP입니다. 1인당 GDP는 1인당 국민소득(GNI)과 비슷한 개념으로, 그 나라 국민의 생활 수준을 나타냅니다. 요즘에는 1인당 국민소득이 선진국 기준이라는 3만 달러를 넘었지만, 생활 면에서 별로 나아진 게 없다고 느끼는 사람들이 많습니다. 그래서 GDP가 국민 삶의 질을 측정하는 지표로 적절치 못하다는 비판도 나옵니다. 심지어 부탄처럼 국민소득이 아니라 '국민의 행복'을 국가의 목표로 삼아야 한다는 주장도 있습니다. 하지만 행복의 기준은 각자 생각하는 것이 다르므로, 측정할 수 없습니다.

GDP를 대체할 만한 경제지표는 아직 없습니다. 1인당 GDP가 높은 나라일수록 부유하고, 낮은 나라일수록 가난한 것은 분명한 사실입니다. 1인당 GDP가 높은 나라는 평균 수명, 영·유아 사망률 등 국민 건강지표가 우수하고, 환경 오염이 덜하며, 교육과 과학기술이 발달해 있습니다. 또 도로, 공항, 항만 등 사회간접자본이 잘 갖춰져 있으며 복지와 의료 서비스, 문화·예술 수준도 아주 높지요.

경제를 활성화해 GDP를 키우는 것은 국가를 발전시키고 국민 삶의 질을 높이는 가장 보편적인 방법입니다. GDP가 무엇인지만 정확히 이해해도 경제 공부를 절반쯤 한 셈입니다.

누가 어떻게 경제학을 연구했을까요?

경제학의 출발점으로 꼽는 애덤 스미스의 『국부론』이 출간된 1776년은 공교롭게도 세계 최초의 근대 민주주의 국가인 미국이 독립을 선언한 해이기도 합니다. 현대 국가들이 기본 원리로 삼는 자유민주주의와 시장경제를 연구하는 경제학이 같은 해에 태동했다는 점이 흥미롭습니다.

경제학은 이후 약 250년간 세계 발전에 크게 기여하며 발달했습니다. 세계의 수많은 경제학자들이 발견하고 연구한 것들이 축적돼 오늘날의 경제학을 이루었지요. 이번 장에서는 큰 발자취를 남긴 7명의 위대한 경제학자들에 대해 알아보려고 합니다. 경제학의 아버지 애덤 스미스를 비롯해 자유무역이 모두에게 이익이 되는 이유를 설파한 데이비드 리카도, 자본주의 경제를 날카롭게 분석한 카를 마르크스, '냉철한 이성, 따뜻한 가슴'을 강조한 알프레드 마셜, 대공황의 위기에 구원투수로 등판한 존 메이너드 케인스, '창조적 파괴'라는 경제 발전의 원리를 제시한 조지프 슘페터, 경제적 자유의 중요성을 일깨운 밀턴 프리드먼이 그들입니다.

'경제학의 아버지'
애덤 스미스

상인의 이기심 덕에 저녁을 먹을 수 있어요

사람은 누구나 이기심을 갖고 있습니다. 보다 잘살고 싶고, 모자란 것이 있으면 채우고 싶어 하지요. 자기에게 이득이 되게끔 행동하는 것은 모든 생명체의 공통된 본능입니다. 그래야 오래 생존하고 후손을 남길 수 있으니까요. 이기심은 보통 '자기 자신의 이익만 생각한다'는 의미로 쓰여 부정적으로 느껴지지만 그 자체를 나쁘다고 할 수는 없습니다.

만약 사람들이 무조건 자기의 이익만을 챙긴다면 어떻게 될까요? 그런 사회는 힘센 사람들이 모든 부와 재화를 다 가져가는 약육강식의 정글과 같을 것입니다. 하지만 우리가 살아가는 세상은 사람들의 이기심이 부딪히는데도 대개는 큰 문제 없이 돌아갑니다. 그 이유가 무엇일까요?

이런 원리에 주목한 최초의 경제학자가 바로 애덤 스미스입니다.

1751년부터 12년간 글래스고대학교에서 도덕 철학을 강의한 애덤 스미스는 평생 두 권의 책을 남겼습니다. 첫 번째 책은 『도덕감정론』(1759)이고, 두 번째 책이 그 유명한 『국부론』이지요. 경제

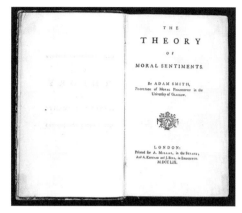

· 도덕감정론 ·

학이 『국부론』에서 출발했다고 하는 이유는 이 책이 물리학의 아이작 뉴턴(Isaac Newton, 1642~1727년), 생물학의 찰스 다윈(Charles Robert Darwin, 1809~1882년)과 같은 역할을 했기 때문입니다.

애덤 스미스는 사람이 지닌 가장 강한 본능인 이기심이 어떻게 사회 질서와 조화를 이루는지를 다음과 같이 설명했습니다.

"우리가 저녁 식사를 할 수 있는 것은 푸주간(정육점) 주인이나 양조업자, 제빵업자들의 박애심 덕분이 아니다. 오히려 돈벌이에 대한 그들의 관심 덕분이다."

돈을 벌어 보다 잘살고 싶은 그들의 이기심 덕에 음식이 생산되고 우리의 식탁이 차려질 수 있다는 것입니다. 앞에서 이미 한번 소개했지만 중요한 내용이기에 다시 언급하였습니다.

여러분이 좋아하는 맛있는 김밥과 떡볶이의 경우는 어떨까요? 우리가 그 음식들을 먹을 수 있는 것은 분식점 주인이 특별히 봉사 정신을 발휘해서일까요? 신상 농구화는요? 스포츠 용품 기업이 여러분을 행복하게 해주려고 헌신하는 걸까요? 분식점 주인과 기업의 돈을 벌려는 욕구 덕에 우리가 음식과 농구화를 손쉽게 살 수 있는 것입니다.

'보이지 않는 손'이 사회의 조화를 이뤄요

이기심끼리 충돌하면 갈등과 다툼이 일어나기 쉽습니다. 모두가 자신의 이익만을 추구한다면 사회는 조화와 질서를 유지하기 힘들겠지요. 이에 대해 애덤 스미스는 그런 이기심을 억제하는 '보이지 않는 손'에 의해 조화를 이룰 수 있다고 설명했습니다.

> "공익을 추구할 의도도 없고, 자신이 공익에 얼마나 이바지하는지조차
> 모르는 사람들, 오직 자기 이익만을 도모하는 사람들이 '보이지 않는 손'
> 에 이끌려 의도하지 않았던 부수적 결실도 얻게 된다."

애덤 스미스가 한 이 말에 따르면, 생산자들은 공공의 이익에 기여한다는 생각 없이 돈을 벌려고 열심히 일합니다. 그런데 일하다 보니 자기 의도와 상관없이 공익에 기여하게 됩니다. 소비자들은 비싸면 안 사고, 싸

보이지 않는 손이 작용하는 경매. 이 그림은 뱅자멩 보티에가
경매가 벌어지는 마을 광장의 모습을 그린 것입니다.

면 사는 이기적인 행동을 통해 생산자들의 욕심을 억제하지요. 애덤 스미스가 이것을 보이지 않는 손이라고 표현한 것은, 분명히 존재하며 세상과 경제 활동을 움직이는 이 기본 원리가, 누가 인위적으로 조종하는 게 아니라 자연법칙처럼 저절로 이뤄진다고 보았기 때문입니다.

보이지 않는 손은 시장을 움직이고, 사회의 질서를 유지하는 역할을 합니다. 이때 시장은 동네의 전통시장이나 대형마트뿐 아니라 재화가 거래되는 모든 공간을 가리킵니다. 이런 시장을 통해 교환과 분배가 이뤄지는 것이 곧 시장경제입니다.

거래할 때 소비자는 더 싸게 사고 싶고, 생산자는 더 비싸게 팔고 싶어 합니다. 이렇게 각자 자기 이익만 챙기려 하면 거래가 이루어질 수 있을까요? 아무리 배고파도 김밥 한 줄에 1만 원이라면 누가 사먹을까요? 반대로 아무리 경쟁이 치열하다고 해도 원가에도 못 미치는 500원에 팔라고 한다면 누가 팔까요? 그래서 생산자는 이쯤이면 소비자가 살 것이라고 기대하는 가격을 제시하고 그 가격이 소비자의 마음에 들 때 거래가 성사됩니다.

보이지 않는 손은 자유롭게 시장에서 형성되는 가격을 생각하면 쉽습니다. 가격이 비싸면 안 팔려서 재고가 쌓이게 됩니다. 그러면 생산자는 굳이 누가 시키지 않아도 생산량을 줄이거나 가격을 낮춥니다. 반대로 가격이 너무 싸면 소비자들이 너도나도 사려고 해 물건이 부족해집니다. 그러면 생산자는 더 생산하거나 가격을 올리겠지요. 이처럼 보이지 않는 손은 생산을 늘리라고 독려하고, 그만 만들라고 만류하기도 합니다. 돈을 벌고 싶다고 해서 멋대로 가격을 비싸게 붙여 봐야 소용없다는 사실도 일깨워 줍니다. 결국 생산자는 누가 시키지 않아도 시장의 가격에 따라 생산량, 가격, 이윤 등을 스스로 조정함으로써 소비자가 원할 만한 물건을 적절하게 공급해 공익에 기여하게 됩니다. 이런 것이 바로 보이지 않는 손의 역할이지요.

누구나 마음속에 '공정한 관찰자'가 있어요

애덤 스미스가 이기심을 무조건 찬양했다고 오해할지도 모르겠습니다. 하지만 그는 이기심을 무조건 찬양한 게 아니라 그런 이기적인 본능을 잘 이용하면 귀족뿐 아니라 일반 국민도 잘사는 사회를 이룰 수 있다고 강조했습니다. 그리고 그 이유로 사람들의 마음속에 '공정한 관찰자'가 있다고 설명했지요. 이 개념은 『국부론』보다 17년 앞서 출간된 『도덕감정론』에 나오는데요.

공정한 관찰자는 쉽게 말해 양심이라고 할 수 있습니다. 자신의 행동이 아무 죄도 없는 타인에게 피해를 입힐 때 마음속의 공정한 관찰자, 즉 양심은 그런 행동을 하지 말라고 만류합니다. 또 사람들은 이기적이지만 누군가가 항상 자신을 보고 있다고 상상해 무턱대고 자기의 이익만을 추구하지는 않습니다. 누군가가 지켜본다고 상상하면 쉽사리 혼자만 이익을 얻겠다고 행동할 수 없지요.

공정한 관찰자는 자신뿐 아니라 타인의 행동이 공정하지 못할 때도 분노하게 만듭니다. 학교 앞 문구점에서 학용품을 아주 비싸게 판다면 그곳에 가지 않는 것은 물론, 친구들에게도 가지 말라고 권유할 것입니다. 이렇듯 우리 마음속의 '공정한 관찰자'는 타인에게 부당한 행동을 주저하게 하는 동시에, 타인의 부당한 행동도 억제하게 만듭니다. 애덤 스미스는 이런 이유로 이기심이 충만한 사람들이 사는 사회지만 질서와 조화를 이룰 수 있다고 보았지요.

국부는 더 많은 분업과 무역에서 나온다고 봤어요

『국부론』의 주요 내용은 국가가 부유해지려면 어떻게 해야 하는가입니다. 애덤 스미스는 진짜 국부는 그 나라의 생산 능력과 국민의 생활 수준에 있다고 주장했습니다. 왕과 귀족이 가진 재산이 아무리 많아도, 국민이 헐벗고 굶주리면 나라가 부유하다고 말할 수 없다는 것이지요. 지금은 당연한 이야기지만 왕이 다스리던 시절만 해도 그렇지 않았습니다.

애덤 스미스는 국부를 늘리기 위한 방법으로 분업과 상거래를 제시했습니다. 당시 산업은 일일이 손으로 만드는 수공업 위주였습니다. 숙련된 장인이라도 하루에 몇 개 이상은 못 만들었지요. 그러나 업무를 나누자 각자 맡은 일에 숙달되면서 전체 생산량을 비약적으로 늘릴 수 있었습니다. 덕분에 모든 분야에서 생산량이 크게 늘고 세계가 풍족해지게 되었지요.

• 애덤 스미스가 설명한 핀 공장의 분업 모습.
한 사람이 모든 것을 맡아 생산하는 장인 생산 방식에서 분업 생산을 강조한 애덤 스미스 •

　애덤 스미스는 공장뿐 아니라 지역 간 혹은 국가 간 분업도 가능하다고 보았습니다. 더욱이 국가 간 분업은 수출과 수입의 국제 무역 거래로도 확장할 수 있지요. 이를테면 한국은 임금이 높은 대신 스마트폰 기술이 있고, 베트남은 낮은 임금으로 조립할 수 있는 인력이 있습니다. 한국의 기술로 베트남에서 조립해 서로 교환한다면 두 나라 모두 이익이 될 것입니다.

　애덤 스미스는 한발 더 나아가 국가가 부유해지려면 제조업자와 유통업자, 마을 간, 도시 간에 자유로운 상거래가 절대적으로 필요하다고 보았습니다. 아무리 많이 생산해도 팔 수 없으면 아무 소용이 없기 때문이지요. 이런 생각들을 애덤 스미스가 처음 제시했다고 하니 '경제학의 아버지'라고 부를 만하지요?

자유무역은 모두에게 이익이 된다고 본 데이비드 리카도

'스미스 키즈'의 대표적인 인물이에요

애덤 스미스 이후 수많은 후학들이 경제학 연구에 뛰어들었습니다. 피겨 여왕 김연아를 보고 피겨 스케이팅에 입문한 '연아 키즈'처럼 '스미스 키즈'라고 부를 만한 경제학자들이 생겨났지요. 그들 중 가장 영향력이 컸던 인물은 데이비드 리카도입니다. 리카도의 친구인 토머스 맬서스, 장바티스트 세이(Jean Baptiste Say, 1767~1832년) 역시 스미스 키즈라고 할 수 있는데요. 이들 셋은 스미스와 함께 고전 경제학(초기 경제학)을 완성한 인물로 꼽힙니다.

리카도는 네덜란드 출신 유대인 이민자의 7남 9녀 중 셋째 아들로, 런던에서 태어났습니다. 14세의 어린 나이에 아버지의 직업인 증권중개업에 뛰어들어 큰돈을 벌었습니다. 대학교 문턱에도 못 가봤지만, 27세에 휴양

지에 놀러 갔다가 우연히 애덤 스미스의 『국부론』을 읽은 뒤 본격적으로 경제학을 공부해 경제학자가 되었습니다. 37세에 쓴 첫 경제 논문으로 명성을 얻은 뒤로 42세부터는 아예 증권중개업을 그만두고 경제학 연구에 몰두했지요.

• 데이비드 리카도 •

리카도는 나폴레옹 전쟁 시기에 영국 의회의 의원으로 활동하며 명석한 두뇌와 자기만의 경제이론, 뛰어난 말솜씨로 활약했습니다. 당시 의회에서 벌어졌던 곡물 수입, 토지에 따른 이윤, 분배에 관한 수많은 논쟁을 주도했는데요. 이런 논쟁들은 산업혁명 중 전쟁에 직면한 영국의 사회 문제에서 비롯된 것들이었습니다. 리카도는 자신의 경제이론을 통해 가난한 사람들을 도울 실질적인 방법을 입증하려고 애썼습니다.

빈민을 도우려면 곡물 수입을 막지 말아야 해요

리카도가 살았던 당시 영국은 산업혁명이 일어나며 경제가 발전했지만 나폴레옹 전쟁이 터지면서 물가가 뛰고 식량이 부족해졌습니다. 그러나 토지를 소유한 지주들이 의회를 장악하고, 1815년에 곡물법을 제정해 곡물에 관세를 물리며 해외에서 값싼 곡물을 수입하지 못하게 막았습니다. 곡물법은 소맥(밀) 가격이 일정 수준까지 오르기 전에는 곡물을 수입하지 못하게 막는 법이었습니다.

이 때문에 공장 노동자들은 하루 종일 일하고 받는 임금의 절반을 값비싼 빵(식량)을 사는 데 써야 할 만큼 힘들게 살았습니다. 심지어 어린아이들까지 나가서 일하지 않으면 먹고살기 힘들 정도였지요. 이런 상황에서 리카도는 곡물법 폐지에 앞장서며 곡물 수입을 허용해야 가난한 사람들이 먹고살 수 있다고 주장했습니다. 리카도가 곡물법에 반대하며 쓴 저서가 바로 『정치경제학과 과세의 원리』(1817)입니다.

그의 이론을 요약하면 이렇습니다. 곡물 수입이 금지된 폐쇄 국가에서는 인구가 늘어 식량 수요가 증가하면 비옥하지 못한 땅도 농경지로 이용하게 됩니다. 그 결과 생산 비용이 높아져 농산물 가격이 오르게 됩니다. 그러면 노동자들의 생계 유지를 위해 임금 인상이 불가피해져 자본가(기업주)의 소득은 감소하는 반면, 가장 비옥한 토지를 소유한 지주의 소득은 늘어나게 됩니다. 이처럼 수입을 규제하는 보호무역은 특정 집단(지주)에게만 이익이 되고 국민 전체에는 해롭다는 것이 리카도의 곡물법 반대 이론의 요지입니다. 그는 "지주의 이익은 사회 전체의 이익과 항상 대립한다"고 주장했지요.

리카도가 그토록 반대했던 곡물법은 1845년에 영국의 곡창지대인 아일랜드에서 대흉작이 발생해 굶어 죽는 사람이 속출하자 이듬해에 결국 폐

곡물법 폐지를 주장하는 그림.
곡물법이 제정되며 곡물을 수입하지 못하게 되자,
어린아이들까지 나가서 일하지 않으면 먹고살기 힘들어졌습니다.

지되었습니다. 리카도가 사망하고 23년이 지나서였지요.

어떤 나라든 잘할 수 있는 게 있어요

리카도는 애덤 스미스의 이론을 계승해 더욱 발전시킨 후계자라고 할 수 있습니다. 리카도가 21세기인 지금도 유명한 것은 그가 "자유로운 무역이 모두에게 이익이 된다"며 주장한 비교우위 이론 때문입니다. 세계 무역을 확대하는 것이 왜 모든 나라에 도움이 되는지, 그 이유를 비교우위 이론을 통해 입증했지요.

비교우위를 이해하려면 먼저 애덤 스미스가 제시한 절대우위를 알아야 합니다. 절대우위는 어떤 상품을 다른 나라보다 싸게 잘 만들 수 있는 상태를 의미합니다. A국이 B국에 대해 절대우위인 상태라면 B국은 직접 만드는 것보다 A국에서 수입하는 게 이익일 것입니다. 하지만 A국이 모든 상품에서 B국에 절대우위를 가졌더라도 일부 상품은 B국에서 만들게 하여 서로 무역으로 교환하는 게 두 나라 모두 이익이라는 것이 바로 비교우위 이론입니다.

얼핏 들으면 틀린 말 같습니다. 그래서 경제학을 공부하지 않은 정치인들은 자국 산업 보호를 명분 삼아 틈만 나면 수입 금지나 보호무역을 주장합니다. 하지만 국가 간 무역에서는 다 잘하지 못하는 나라여도 비교우위에 따라 이익을 볼 수 있습니다. 나라마다 생산 능력과 기술에 차이가 있더라도 주어진 시간은 하루 24시간, 1년 365일로 똑같기 때문입니다.

따라서 다른 나라와 비교해 그 나라가 절대우위에 있는 상품은 차라리 수입을 하고, 이렇게 해서 남는 시간, 자본, 노동력을 가장 싸게 잘 만들 수 있는 상품에 쏟아부어 수출하면 모두에게 이익이 된다는 것입니다. 오스트리아 출신 미국 경제학자인 루트비히 폰 미제스(Ludwig von Mises, 1881~1973년)는 "스위스에서 밀을 가장 저렴하게 생산하는 방법은 시계를 만드는 일이다"라는 비유로 비교우위를 설명했습니다. 스위스가 잘 만들 수 있는 시계를 곡물 생산국인 캐나다에 수출하고, 그곳에서 밀을 수입해 오는 게 가장 경제적이라는 것입니다.

이렇게 생각해 볼까요? 시험이 임박했을 때 모든 과목을 혼자 요점 정리 하려면 힘듭니다. 이때 친구와 요점 정리를 나눠서 하면 나와 친구 모두에게 도움이 됩니다. 또 손흥민 선수가 비행기 표를 알아보고 예매해야 할 때, 굳이 본인이 하기보다 관리 담당 직원이나 여행사에 맡기고 손흥민 선수는 훈련에 집중하는 것이 모두에게 더 큰 이익이 될 것입니다.

선진국이든, 후진국이든 각기 잘할 수 있는 산업에 집중하고 무역을 통해 그것들을 교환하면 서로 이익이 됩니다. 아무리 기술과 자본이 부족한 후진국이라도 임금이 낮은 노동력을 바탕으로 수출할 수 있는 품목이 있습니다. 우리나라는 1970년대까지만 해도 주요 수출 품목이 신발, 옷, 가방 같은 것이었습니다. 하지만 지금은 반도체, 스마트폰, 자동차를 수출하고 신발과 옷은 임금이 싼 다른 나라에서 만든 제품을 수입하고 있지요.

물론 비교우위를 통한 자유무역에 문제가 전혀 없는 것은 아닙니다. 산

스위스의 시계, 캐나다의 밀처럼
각 나라마다 가장 잘 만드는 것을 만들어 수출하는 것이
국제적으로 이득이라는 것이 비교우위 이론입니다.

업이 두루 발달한 선진국이라면 몰라도, 농산물 외에 수출할 게 없는 후진국이라면 계속 농산물만 수출하고 다른 산업을 키울 수 없게 되거든요. 그래서 오늘날에는 자유무역이 모두에게 이득이지만, 부분적으로는 자국 산업 육성을 위한 보호무역도 필요하다고 보고 있습니다.

자본주의 경제의 붕괴를 예언한
칼 마르크스

20세기에 가장 큰 영향을 끼친 3대 인물

20세기에 전 세계적으로 가장 큰 영향력을 끼친 중요한 인물들이 있습니다. 그들은 바로 『종의 기원』(1859)을 통해 진화론을 제시한 찰스 다윈,

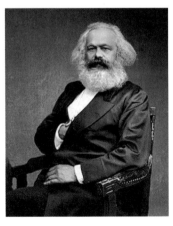

• 카를 마르크스 •

『꿈의 해석』(1900)으로 정신 분석학의 문을 연 지그문트 프로이트(Sigmund Freud, 1856~1939년), 그리고 『자본론』(1권은 1867년, 2~4권은 1885~1894년)을 통해 자본주의 경제 체제의 문제점을 파헤친 카를 마르크스입니다.

다윈의 진화론과 프로이트의 정신 분석학은 생물학과 심리학뿐만 아니

라 인류의 기원, 인간의 심리와 사고방식, 사회 발전 요인 등에 대해 그 이전과는 전혀 다른 해석을 제시했습니다. 이를 기반으로 한 20세기의 각종 학문은 물론 정치, 경제, 사회, 문화 예술 전반에 지대한 영향을 미쳤지요. 마르크스 역시 방대한 저서로 자신이 살았던 19세기보다 20세기의 세계 정치사에 크나큰 족적을 남겼습니다.

마르크스는 독일(당시 프로이센) 출신 경제학자이자 정치·사회 사상가입니다. 대학 졸업 후 극단적인 자유주의를 내건 신문사의 편집장으로 활동하다 1848년에 유럽 각국에서 일제히 정치 혁명과 노동자 봉기가 일어나자 「공산당 선언」을 발표했습니다. 「공산당 선언」은 자본가들의 착취에 맞서 "만국의 노동자여 단결하라"는 선동적인 문구로 유명한데요. 이 때문에 그는 불순한 사상가이자 반역자로 지목돼 프랑스, 벨기에 등으로 떠돌아다녀야 했습니다.

프랑스에서 평생 친구이자 동료였던 프리드리히 엥겔스(Friedrich Engels, 1820~1895년)를 만난 마르크스는 1849년에 엥겔스의 도움으로 영국으로 망명해 죽을 때까지 그곳에서 살며 경제학을 연구했습니다. 엥겔스는 1840년대에 영국 방직 산업의 중심지인 맨체스터에서 공장을 운영하며 빈민층 노동자들의 삶을 관찰했는데, 이것이 마르크스에게 큰 영향을 미치며 노동자들의 세상을 꿈꾸게 하는 계기가 되었습니다.

마르크스처럼 살아있을 때보다 죽은 후에 극단적으로 평가가 엇갈리는 경제학자도 드물 것입니다. 그는 공산주의의 원조이자 치밀한 자본주의 분석가로 지금까지 수많은 추종자의 추앙을 받는 한편, 그의 사상이 빚어

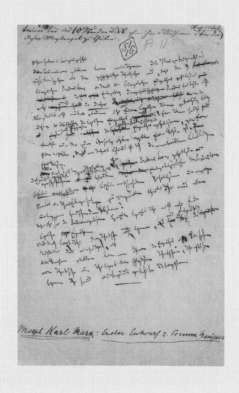

마르크스가 손으로 쓴 「공산당 선언」 원고,
「공산당 선언」은 마르크스주의에 관한 최초의 문헌으로 평가받습니다.

「공산당 선언」이란?

카를 마르크스와 프리드리히 엥겔스가 공산주의자 동맹의 이론적이고 실천적인 강령으로 삼기 위해 공동으로 집필한 선언입니다. 1848년 2월 런던에서 독일어 판이 발간되고 나서 순식간에 여러 언어로 번역되어 각국에 소개되었지요. 비록 분량은 길지 않지만, 이 선언만큼 마르크스주의를 널리 알리고 정확하게 전달한 책은 없을 것이라고 평가됩니다.

낸 공산주의 독재 체제로 인해 수억 명의 사람들을 신음하게 만들었다는 비난도 함께 받습니다. 하지만 경제학자로서는 19세기 자본주의와 경기 변동에 대한 가장 날카로운 분석가로 평가되고 있습니다.

'산업혁명의 그늘'인 노동자 문제가 심각했어요

마르크스가 활동하던 19세기 중반 영국은 산업혁명이 완성되면서 국민의 생활 수준이 급격히 개선되었습니다. 하지만 농촌의 빈민들이 대거 도시로 밀려들면서, 더럽고 열악한 주거 환경과 넘쳐나는 실업자 및 부랑자들로 문제가 이만저만이 아니었습니다. 게다가 당시 주력 산업이던 방직 공장이 기계화되면서 기업주들은 숙련된 노동자보다 임금이 낮은 여성과 아동을 주로 고용했습니다. 어린아이들도 보통 하루 10~12시간 이상 일

• 1848년 제작된 「공산당 선언」 표지 •

했고 광산 같은 위험한 작업장에도 투입돼 병들고 다치는 경우가 다반사였습니다. 1년 노동 시간이 3000시간을 넘고 일요일도 없이 힘들게 일해도 임금은 턱없이 낮아 겨우 입에 풀칠하는 수준이었지요. 반면에 자본가들은 점점 더 큰 부를 축적해 '배부른 자본가(부르주아)'와 '배고픈 노동자(프롤레타리아)'로 양극화되는 상황이었습니다.

이런 배경 속에서 마르크스는 엥겔스와 함께 「공산당 선언」을 발표했지만 당시에는 크게 영향을 미치지 못했습니다. 마르크스가 주도한 공산주의자 동맹은 회원 수가 200여 명에 불과했고 그나마 몇 해 뒤에 해체했습니다. 하지만 당시 경제 체제를 '자본주의'라고 이름 붙인 것도 마르크스였으며, 자본주의가 필연적으로 망할 것이라고 예언한 것도 마르크스였습니다. 마르크스와 엥겔스는 노동자의 삶을 직접 경험하지 못한 부르주아 출신이지만 사회 문제를 해소하기 위해서는 체제를 바꿔야 한다고 생각했습니다. 그리고 그들의 사상은 20세기에 들며 광범위하게 퍼졌습니다.

"자본주의는 인류를 구원했지만
필연적으로 붕괴한다"고 말했어요

마르스크 이전에도 사회의 빈곤 문제에 주목한 공상적 사회주의자들이 있었습니다. 이들은 '공동 생산, 공동 분배'의 원시 공동체의 삶으로 돌아가야 한다고 주장했습니다. 하지만 마르크스는 이런 낭만적인 이상 사회(유토피아)를 지향하며 기계와 기술이 없는 과거로 돌아가는 것은 결코 해법이 될 수 없다고 강하게 비판했습니다.

마르크스는 거꾸로 자본주의가 발전해 극한의 단계에 이르게 되면 내부의 모순으로 인해 스스로 붕괴하면서 노동자들을 위한 공산주의 사회가 완성될 수 있다고 보았습니다. 그는 자본주의를 신랄하게 비판했지만 자본주의 덕분에 이전의 노예제 사회나 봉건 사회에 비해 생산 능력이 비약적으로 높아져 인류를 열악한 환경에서 구원하는 데 도움이 된 점은 인정했습니다. 문제는 자본주의의 생산력이 아니라 생산물의 이윤 분배 방식이 초래한 노동자 착취에 있다고 보았지요. 마르크스는 먼저 애덤 스미스와 데이비드 리카도 등 경제학 선구자들이 주장한 '노동가치설(상품의 가치는 투입된 노동 시간에 의해 결정된다는 이론)'을 받아들여 완성했습니다. 그리고 여기서 더 나아가 자본가가 노동자에게 최소한의 임금만 주고 나머지 가치(잉여가치)를 다 가져간다고 주장했습니다.

마르크스는 자본주의가 아무리 발전해도 노동자들은 겨우 입에 풀칠하는 굴레에서 벗어날 수 없다고 여겼습니다. 자본가들 간에 경쟁이 심해져

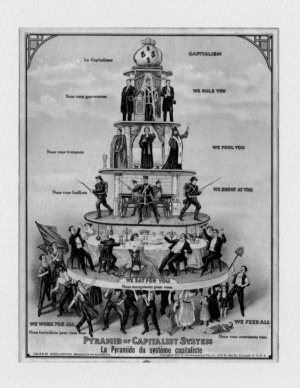

자본주의의 사회 구조를 비판한 풍자화.
마르크스는 자본주의가 아무리 발전해도
노동자들은 겨우 입에 풀칠만 하는 삶에서 벗어날 수 없다고 여겼습니다.

이윤이 낮아지면 공장에 노동을 절약할 수 있는 기계를 도입할 것이고, 그러면 일자리를 잃는 '산업예비군(실업자)'이 넘쳐 나 임금이 더욱 낮아진다고 본 것이지요. 이런 '착취' 구조 속에 호황과 불황이 되풀이되면 몇몇 거대 자본가들만 살아남아 모든 이익을 독차지할 것이라는 게 바로 『자본론』의 골자인데요. 마르크스는 결국 더 이상 감내할 수 없는 상황이 오면 노동자들이 일제히 봉기해 자본가를 타도하는 공산혁명이 일어날 것으로 예상했습니다.

예언은 빗나갔지만 분석 방법은 남았어요

하지만 마르크스의 예언은 보기 좋게 빗나갔습니다. 공산혁명이 일어난 것은 자본주의가 가장 발달한 영국이 아니라 유럽에서도 가장 낙후한 러시아에서였고, 1917년에 러시아혁명이 일어난 이후 세계적으로 공산화된 나라들은 하나같이 후진국이었지요. 70여 년이 지난 후, 공산주의 종주국인 소련도 결국 붕괴했습니다.

자본주의가 붕괴할 것이라는 마르크스의 예상이 빗나간 것은 그가 치밀하게 분석하면서도 빠뜨린 것들이 있었기 때문입니다. 마르크스는 노동가치설에 따라 상품의 가치가 투입된 노동만으로 결정된다고 봤습니다. 더 큰 가치를 만들어 내는 새로운 발명과 기업가들의 과감한 투자와 같은 요소들을 간과한 것이지요. 빛을 밝히는 양초의 가치는 노동력 투입에 따라 달라질 수 있지만 전구를 발명함으로써 생겨나는 새로운 가치는 노동력으로 결정되는 게 아니잖아요? 무에서 유를 창조하는 기업가 정신과 혁신의 노력이 더해지며 자본주의는 더욱 발전했고, 노동자를 비롯한 인류의 삶도 19세기와 비교할 수 없을 정도로 개선되었지요.

또 마르크스는 노동자를 '착취당하는 존재'로 보았습니다. 그러나 오늘날 노동자는 회사 주식을 소유함으로써 자본가처럼 이윤을 배당받고, 자신들이 가진 지식과 아이디어, 기술과 숙련도에 따라 얼마든지 임금을 높일 수 있습니다. 사람의 노동력은 기계처럼 모두 똑같지 않으므로 각자가 가진 교육 수준, 노하우, 기술력 등에 따라 천차만별인 '인적자원'으로 봐야 한다고 의식도 개선되었습니다. 공산주의 국가보다 자본주의 국가에서 노동자들이 보다 나은 삶을 산다는 것은 부인할 수 없는 사실입니다. 한국과 북한 노동자의 삶을 비교해 보면 금방 알 수 있지요.

마르크스의 예언은 틀렸어도 그의 분석 방법은 후대 경제학자들에게 큰 영향을 미쳤습니다. 자본주의 체제에서 발생하는 격차와 불평등, 경기 변동과 경제 공황 등은 지금도 경제학의 중요한 연구 과제입니다. 특히 개개인의 능력과 생산 수단의 차이에서 발생하는 소득 격차와 불평등은 21세기에도 매우 중요한 과제로 떠올랐지요. 또 자본주의는 자본가들의 경쟁으로 과잉생산이 일어나는 반면 노동자는 궁핍해져 소비가 공급을 못 따라가는 과소소비가 일어난다는 마르크스의 관점은, 호황과 불황이 주기적으로 이어지는 경기 변동을 설명해 줍니다.

마르크스의 자본주의 붕괴론은 훗날 잘못된 예언임이 입증되었지만 그가 지적한 문제점은 역설적으로 자본주의의 브레이크 없는 폭주를 막는 예방 백신의 역할을 했습니다. 그뿐만 아니라 오늘날 대다수 국가에서 시행하는 사회 복지 정책에도 영향력을 미쳤습니다.

'냉철한 이성과 따뜻한 가슴'을 강조한 알프레드 마샬

경제학자는 빈민굴부터 가봐야 한다고 했어요

우리가 경제학을 왜 공부해야 하는지에 대해 명쾌하게 답변한 경제학자가 있습니다. 그것은 바로 애덤 스미스부터 이어진 초기의 고전 경제학을 완성하고 현대 경제학의 문을 연 알프레드 마샬(Alfred Marshall, 1842~1924년)입니다. 목사가 되라는 아버지의 바람을 거부하고 수학 공부에 몰두하다 경제학자가 된 인물이지요.

경제학은 19세기까지 정치학의 한 분야(정치경제학)로 취급되었습니다. 1903년에 마샬이 세계 최초로 경제학을 독립시켜 케임브리지대학교에 경제학과를 개설하고 초대 학장에 올랐습니다. 대학교에 개설된 경제학과의 역사는 약 120년 정도인 셈이지요. 그뿐만 아니라 오늘날의 경제학 기본 개념과 이론들인 수요·공급, 균형가격, 가격탄력성, 대체재, 실질이자

• 구스타프 도어가 그린 런던 빈민가의 모습 •

율 등도 마샬로부터 출발했습니다. 경제학을 유학에 비유한다면 애덤 스미스는 공자, 마샬은 맹자로 부를 수 있을 정도지요.

수학에 빠졌던 마샬이 경제학으로 돌아선 것은 당시 세계에서 가장 부유한 나라인 영국의 수많은 국민이 왜 가난에 허덕이는지 의문을 가졌기 때문입니다. 그는 경제학은 사람들의 생활에 직접 도움이 되는, 즉 '삶의 조건을 개선하는 학문'이 되어야 한다고 생각했습니다. 그래서 항상 가난한 사람들의 삶에 관심을 두었고, 자신의 연구실 문에 "런던의 빈민굴에 가보지 않은 사람은 문을 두드리지 마라"라는 글을 붙여 놓았다고 합니다.

마샬은 케임브리지대학교 교수 취임 연설에서 경제학자로서 가져야 할 자세에 대해 "경제학자는 냉철한 이성을 가져야 한다. 그러나 따뜻한 가슴을 잊지 말아야 한다"라는 명언을 남겼습니다. '냉철한 이성, 따뜻한 가슴 (cool head but warm heart)'이란, 경제학자라면 가난한 이들을 외면하지 않는 따뜻한 마음을 지니면서도, 복잡한 세상 문제는 열정만으로 풀지 못하므로 냉철한 이성으로 접근해야 한다는 뜻입니다. 사회의 빈곤을 극복하고 더 나은 세상을 만드는 데 기여하는 경제학자의 길을 제시한 것이지요.

경제를 정밀분석하는 미시경제학을 창시했어요

마샬은 교수로 일하며 10년간 집필한 끝에 『경제학 원리』(1890)를 출간했

• 알프레도 마샬 •

습니다. 이전에도 경제학자들이 시장과 가격의 역할, 자유무역의 중요성을 강조했지만 이론적인 분석은 제대로 이뤄지지 않은 상태였습니다. 마샬은 수학의 귀재답게 경제 현상을 수학적으로 분석해 경제학을 과학의 반열에 올려놓았습니다.

마샬의 『경제학 원리』는 출간 후 30년간 가장 유명한 경제학 교과서로 널리 쓰였습니다. 경제학

은 크게 보아 거시경제학과 미시경제학으로 나누는데, 마샬의 『경제학 원리』는 미시경제학의 원조이자 거시경제학에 많은 이론을 제공했기 때문입니다.

거시경제학은 생산, 투자, 소비, 수출, 물가, 금리 등 국가 경제의 전체적인 흐름을 연구하는 분야입니다. 미시경제학은 개인과 기업의 의사 결정과 시장에서의 수요 공급 변화 등 세세한 상황을 연구하는 분야요. 쉽게 말하면 거시경제학은 경제를 망원경으로 넓게 조망하는 것이고, 미시경제학은 경제를 현미경으로 상세히 들여다보는 것에 비유할 수 있습니다.

마샬은 미시경제학 영역인 수요와 공급에 영향을 미치는 요인들을 분석하고, 시장에서 가격이 형성되는 과정을 집중 연구했습니다. 수요에 영향을 미치는 가격의 상승과 하락, 소비자의 소득과 취향, 서로 다른 재화 간의 수요 변동 등의 관계를 파고들었지요. 그리고 수요-공급의 법칙(수요량이 늘면 가격이 오르고, 공급량이 늘면 가격이 떨어지는 법칙)을 정립하면서 '한계효용'이라는 개념을 제시했습니다. 이것이 이후 세계 경제학계에 큰 영향을 미쳐 이를 '한계혁명'이라고 부르지요.

한계효용이란 같은 종류의 재화를 잇따라 소비할 때 추가되는 만족감을 말합니다. 예를 들어 배고플 때 처음 먹는 빵이 주는 만족감에 비해 2개, 3개, 4개째 먹을 때의 만족감은 점차 줄어들 것입니다. 이것을 '한계효용 체감의 법칙'이라고 합니다. 그리고 한계효용이 0이 되면 더 이상 먹지 않게 됩니다.

같은 1만 원이라도 부자의 1만 원과 가난한 사람의 1만 원은 만족감이 같을 수 없습니다. 또 배가 부를 때는 빵을 사먹는 것보다 영화를 보는 것이 훨씬 큰 만족감을 줄 것입니다. 소비자들은 무의식 중에도 여러 상품의 한계효용을 비교해 무엇을 먼저 할지 결정합니다. 마찬가지로 마샬은 생산자들도 '한계수확(생산량을 한 단위 늘릴 때 추가되는 수익)'을 비교해 행동한다고 보았습니다. 즉 기업이 같은 돈을 투자했을 때 기계나 노동력 같은 생산 요소들의 한계수확을 따져 기계를 더 들일지, 사람을 더 고용할지 결정한다는 것입니다.

수요-공급 그래프도 만들었어요

경제학 교과서에 빠지지 않고 등장하는 것 중 하나가 바로 두 선이 X자로 교차하는 수요-공급 곡선입니다. 가로(X)축은 수량, 세로(Y)축은 가격을 표시하는데, 가격이 낮으면 수요가 많고 가격이 비싸질수록 수요가 점점 줄어들어 수요 곡선은 왼쪽 위에서 오른쪽 아래로 향하는 선(반비례 관계)을 그립니다. 반대로 가격이 낮으면 공급이 적고 비싸질수록 공급이 늘어나므로 공급 곡선은 왼쪽 아래에서 오른쪽 위(비례 관계)로 그립니다. 곡선 하나로 수요, 공급, 가격의 원리를 누구나 쉽게 이해할 수 있지요.

이런 수요-공급 곡선을 만든 것이 바로 마샬입니다. 마샬은 수학자처럼 정밀하게 경제 현상을 분석해 과학법칙과 같은 경제법칙을 발견해 내어 경제학에 크나큰 영향을 미쳤습니다. 마샬은 경제학을 도덕 철학처럼 이

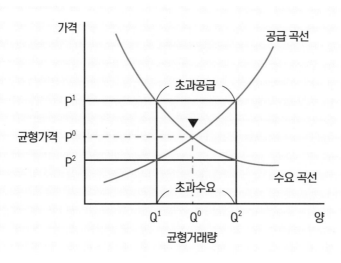

가격

공급 곡선

초과공급

P¹

균형가격 P⁰

P²

수요 곡선

초과수요

Q¹ Q⁰ Q² 양

균형거래량

• 수요−공급 곡선 •

상적인 규범을 찾아내는 학문이 아니라, 현실에서의 실질적인 이유를 탐구하는 학문으로 생각했습니다. 그러다 보니 시장경제에서 가격이 갖는 의미가 무엇인지 파악하는 게 그의 주된 연구 주제였지요.

마샬은 '가격이 내리면 수요가 증가하고, 가격이 오르면 수요가 감소한다'는 기본적인 수요법칙을 제시했지만, 수요가 오직 가격 변화에 따라 결정된다고 보지는 않았습니다. 소비자의 취향, 소득 수준, 경쟁 상품의 가격, 대체재의 여부도 큰 영향을 미친다고 보았지요. 각각의 요인이 수요에 미치는 영향을 분석할 때 마샬은 다른 조건이 동일하다는 가정하에 특정 요인에 대한 영향만을 분석했는데요. 이렇게 하면 특정 요인에 의한 수요 변화를 쉽게 파악할 수 있습니다. 오늘날 대부분의 경제학자들이 이러한 분석 방법을 이용하고 있지요.

마샬은 "경제학이란 한편으로는 부의 연구이지만 다른 한편으로는 인간 연구의 일부이며 후자가 중요하다"라고 말했습니다. 경제학을 인간을 위한 학문이자 삶의 질을 개선하기 위한 학문으로 바라본 것입니다. 그의 제자이자 20세기 최고의 경제학자 중 하나로 꼽히는 존 메이너드 케인스는 "위대한 경제학자라면 마샬처럼 수학자이자 역사학자이며 정치가에다 철학자여야 한다"라는 말로 마샬을 극찬하기도 했지요.

대공황 위기에 구원투수로 나선
존 메이너드 케인스

'천재'로 불린 20세기 스타 경제학자

공산주의를 주창한 카를 마르크스가 사망한 1883년은 공교롭게도 20세기에 지대한 영향을 미친 두 명의 천재적인 경제학자가 태어난 해입니다. 그중 한 명은 영국의 존 메이너드 케인스이고, 다른 한 명은 오스트리아의 조지프 슘페터(Joseph Alois Schumpeter, 1883~1950년)입니다.

케인스는 1883년 영국 케임브리지에서 유복한 집안의 장남으로 태어났습니다. 아버지는 케임브리지대학교의 교무처장이었고, 어머니는 케임브리지대학교 출신으로 시의원을 거쳐 시장까지 지냈지요. 한마디로 케인스는 집안 좋고 머리도 좋은 '엄친아'였습니다. 그는 당시의 엘리트 코스였던 명문 사립 중등학교인 이튼 칼리지에 이어 케임브리지대학교에서 수학과 경제학을 공부했는데요. 그때 만난 스승이 바로 알프레드 마샬입

• 케인스를 중심으로 철학자 버트런드 러셀(왼쪽),
작가 리튼 스트레이치(오른쪽) •

니다.

케인스는 두뇌가 비상했을 뿐만 아니라 사교성이 좋아 사람들과 어울려 노는 것을 즐겼습니다. 경제학과 인문학, 예술에도 조예가 깊어 젊어서부터 사교계의 학자, 작가, 예술가 등과 어울리며 모임을 주도했습니다. 그 시절에 만난 인물 중에는 철학자 버트런드 러셀(Bertrand Russell, 1872~1970년)과 알프레드 화이트헤드(Alfred Whitehead, 1861~1947년), 작가 버지니아 울프(Virginia Woolf, 1882~1941년)와 E. M. 포스터(E.M. Forster, 1879~1970년) 등 유명인들이 많았습니다.

케인스는 제1차 세계대전 당시 영국 재무성에 들어가 전쟁비용 조달 계획에 참여했고, 전쟁이 끝난 뒤에는 프랑스에서 열린 파리 강화 회의에 영국 대표로 나섰습니다. 이때 케인스는 패전국인 독일에 너무 큰 배상금을 요구하면 또 다른 전쟁으로 이어질 위험이 있다고 주장했습니다. 그리고 그의 예언대로 독일에서는 히틀러의 나치 정권이 등장해 끝내 제2차 세계대전(1939~1945년)의 참화가 벌어졌습니다.

1929년에 일어난 대공황(세계적인 장기 불황)과 제2차 세계대전의 격변기를 거치면서 케인스는 앞선 경제학자들과는 전혀 다른 해법을 제시했습니다. 그 덕에 20세기 최고의 경제학자라는 명성을 얻었지요. 케인스만큼 세계 정치에 큰 영향을 미친 경제학자는 없다고 봐도 과언이 아닙니다.

대공황의 해법을 제시했어요

케인스의 명성이 지금까지 이어지고 있는 것은 그가 세계 역사상 최대 경제 위기였던 대공황(1929~1939년) 때 구원 투수로 나서 급한 불을 끄고, 1970년대 초까지 미국, 영국 등 각국의 경제 정책을 비롯해 세계 경제에 지대한 영향을 미쳤기 때문입니다. 대공황이 낳은 최고의 스타였지요. 당시 무슨 일이 있었기에 케인스는 '자본주의의 구세주'로 추앙받게 된 걸까요?

1920년대는 세계 경제가 유례없이 호황을 누리던 시기였습니다. 제1차 세계대전이 끝난 뒤 생산 기술의 발전과 전후 복구 사업에 힘입어 경제가 급속히 살아났기 때문입니다. 미국의 주가는 10년간 4배로 뛰었고, 사회 전반이 흥청망청하는 분위기였습니다. F. 스콧 피츠제럴드(F. Scott Fitzgerald, 1896~1940년)의 소설 『위대한 개츠비』(1925)에서 개츠비는 매일 성대한 파티를 벌였는데요. 그 모습이 바로 그 시절의 풍경이었지요.

모두가 '번영의 쾌속 열차'를 탄 듯 느끼고 있을 때 서서히 문제가 드러나기 시작했습니다. 제1차 세계대전 동안 비약적으로 발전한 생산 기술이 과잉생산을 가져왔고, 생산된 물건이 다 팔리지 않아 기업에 재고가 쌓

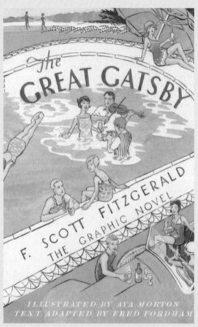

『위대한 개츠비』 초판 표지(왼쪽)와
당시 사회 전반의 분위기를 일러스트로 담아낸
그래픽 노블 버전의 책 표지(오른쪽).

이기 시작한 것입니다. 그렇게 쌓이고 쌓인 문제점은 1929년 10월 29일에 실체를 드러냈습니다. 미국 증권시장 주가가 하루 새 22퍼센트나 폭락한 것입니다. 이날을 '검은 화요일'이라고 합니다. 불과 3년 만에 주가는 6분의 1로 추락했고, 기업들은 과잉생산된 제품을 쌓아 놓고 파산하는 사태가 벌어졌습니다. 또 실업률이 최고 25퍼센트까지 치솟아 4명 중 1명은 일자리가

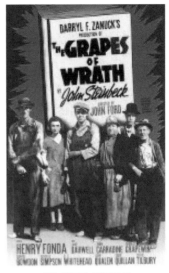

• 〈분노의 포도〉 영화 포스터 •

없는 상태가 됐고, 기업과 개인에게 돈을 빌려 준 은행들은 줄줄이 넘어졌습니다. 미국이 자국 산업 보호를 위해 관세율을 대폭 올리자 유럽 각국도 관세율을 올렸고, 결국 곡물 수출길이 막힌 미국 농민들은 직격탄을 맞았습니다. 그 시절의 미국 사회가 얼마나 어려웠는지는 존 스타인벡의 『분노의 포도』(1939)에 잘 묘사되어 있지요. 이 소설은 대공황 시기에 삶의 터전을 잃고 미국 중부 오클라호마에서 서부 캘리포니아로 이주해 가는 한 농부 가족의 험난한 여정을 사실적으로 그렸습니다.

엄청난 호황 뒤에 갑작스레 찾아온 대공황에 미국을 비롯한 각국 정부는 속수무책이었습니다. 기존의 경제이론은 이런 대공황에 대처하는 데 아무 소용이 없었습니다. 오히려 관세율을 높여 수출이 막히면서 기업은 더 어려워졌고, 정부가 임금 삭감을 금지함으로써 견디다 못한 기업들이

무너지며 실업자는 더 늘어났습니다. 도저히 헤어날 수 없는 수렁과도 같은 대공황 시기에 혜성처럼 등장한 것이 바로 케인스였습니다.

국가 역할을 강조한 현대 거시경제학의 창시자

과거와 전혀 다른 상황이 벌어졌을 때의 해결책은 발상을 뒤집는 데서 찾을 수 있습니다. 대공황에 대한 케인스의 진단과 처방도 기존 경제학과 달리 반대로 접근한 것이었지요. 이전의 경제학자들은 공급이 수요를 창출하며, 일시적으로 공급이 초과하더라도 시장의 '보이지 않는 손'에 의해 자동적으로 수요와 공급이 균형 상태로 되돌아간다고 보았습니다. 장기적으로 보면 불황이 해소될 것이므로 정부가 간섭하지 말고 자유롭게 놔두는 것이 낫다(자유방임주의)는 것입니다. 자유무역의 시대였던 19세기는 이런 이론에 따라 세계 경제가 두루 발전했습니다.

하지만 케인스는 "장기적으로 우리는 모두 죽는다"라는 명언으로 기존의 경제학 이론들을 일축했습니다. 당장 한시가 급한데 수요-공급이 균형을 이룰 때까지 기다릴 시간이 어디에 있느냐는 뜻이지요. 케인스는 대공황과 실업 사태를 초래한 초과공급, 즉 유효수요(구매력이 뒷받침된 수요) 부족을 해소해야만 위기를 극복할 수 있다고 믿었습니다. 경기가 나빠지면 사람들은 투자를 꺼려, 돈을 풀어도 쓰지 않고 미래에 대비해 저축을 하게 마련입니다. 저축은 투자를 위한 밑천이 되므로 과거에는 미덕으로

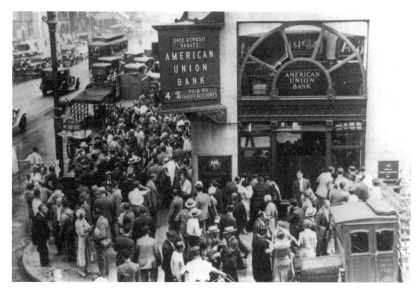

· 대공황기 은행문이 열리기를 기다리며 아침부터 모여든 사람들 ·

여겼지만, 케인스는 모두가 저축만 하면 수요가 사라져 경기가 더 위축되는 '절약의 역설'이 발생한다고 주장했습니다. 불황 때는 저축이 아닌 '소비가 미덕'이라는 것이지요.

케인스는 민간의 수요가 부족할 때 공공(정부)의 투자로 국가의 총투자를 늘리면 유효수요 부족이 해소되어 불황에서 벗어나고 실업 문제도 해결된다고 생각했습니다. 그는 『화폐론』(1930)과 『고용 이자 및 화폐의 일반이론』(1936)을 통해 이와 같은 내용을 주장했습니다.

1933년에 취임한 미국의 프랭클린 루스벨트(Franklin Roosevelt, 1882~1945년) 대통령은 케인스의 주장을 받아들여 5년에 걸친 뉴딜 정책을 폈습니다. 정부는 테네시강 유역 개발 사업, 황무지 개간, 도로 건설

• 테네시강 유역 개발사업에 사인을 하는 루스벨트 •

등 대규모 공공사업을 벌여 실업자 구제에 나서는 한편, 노동조합을 합법화하고 최저임금제를 도입해 기업이 임금을 올리도록 유도했습니다. 또 금주법(1919년에 제정된 술 판매 금지법)도 폐지했지요. 이런저런 노력 끝에 미국 경제는 서서히 대공황의 충격에서 벗어났고, 케인스는 '자본주의의 구세주'라는 별명을 얻게 되었습니다.

세계 금융 안정과 복지 국가 이론도 제공했어요

케인스는 제2차 세계대전 이후 새로운 세계 경제 질서를 논의하는 과정에서도 빛을 발했습니다. 국제통화기금과 저개발 국가들을 지원하는 세계은행 설립에 관여해 세계 경제와 금융시장 안정에 기여한 것이지요. 우리나라도 1990년대 말 외환 위기 때 국가 부도의 위기에 몰렸으나 국제통화기금의 구제 금융을 받아 기사회생했습니다.

1944년 영국 의회 연설에서 케인스는 "실업의 저주를 물리치기 위해 온 힘을 기울였다"고 스스로 평가했듯이 과도한 업무로 건강이 나빠져 1946년에 세상을 떠나고 말았습니다. 하지만 그가 죽은 후에도 그의 이론들은 각국에 널리 수용되어 현대 복지 국가의 이론적 토대가 되었습니다. 또 거의 모든 나라가 자본주의를 기본으로 삼되, 상황에 따라 정부가 적절히 개입하는 것을 허용하는 수정 자본주의를 채택한 것도 그 뿌리에는 케인스가 있습니다. 그 덕에 1948년부터 1973년 사이 세계 경제는 사상 최고 수준인 연평균 5퍼센트의 성장률을 기록했습니다. 1971년 미국의 리처드 닉슨(Richard Nixon, 1913~1994년) 대통령은 "우리는 모두 케인스주의자"라고 말하기도 했지요.

하지만 케인스의 이론도 1970년대 초 석유 파동을 겪으며 문제점을 드러냈습니다. 불황 속에서도 물가가 급등하는 스태그플레이션이 벌어진 것입니다. 정부가 돈을 풀었지만 물가만 오르고 경기는 살아나지 못했고 케인스식 처방으로는 헤어날 수 없는 상태가 되었습니다.

케인스는 민간 경제에 개입하는 정부를 공익을 위해 헌신하는 합리적인 존재로 생각했습니다. 하지만 선거로 집권한 정부마다 정치적인 이득을 얻기 위해 시도 때도 없이 재정 지출을 늘리면서 국가 부채가 눈덩이처럼 커졌습니다. 또 정부의 역할이 커지는 만큼 공무원 숫자가 늘고 민간 활동에 대한 규제가 늘어나, 비대하고 비효율적인 정부가 오히려 경제의 발목을 잡는 부작용도 만만치 않았습니다.

오늘날 현대 국가 중에 케인스의 이론만을 추종하는 나라는 없습니다. 다양한 경제이론을 각자 나라의 사정에 맞게 혼합해 적용하는 것이 보통이지요. 아무리 탁월한 경제이론도 영원한 것은 없습니다. 세계 경제가 끊임없이 변하는 만큼 경제학도 상황이 달라질 때마다 수정되고 보완되며 발전하고 있습니다.

경제 발전은 '창조적 파괴'에서 나온다는 조지프 슘페터

21세기에 더 주목받는 독창적인 경제학자

조지프 슘페터 역시 카를 마르크스가 사망한 해에 태어났습니다. 오스트리아 출신의 미국 경제학자로서 케인스와 거의 동시대에 활동했지요. 대공황의 구원 투수로 세계적인 스타가 된 케인스의 그늘에 가려 별로 주목받지 못했습니다. 하지만 슘페터는 오히려 사후에 더 높이 평가되고 있습니다.

오늘날은 '기업의 시대'라고 할 만큼 기업의 경쟁력이 곧 국가 경쟁력인 시대지만 과거 경제학자들은 기업에 별로 관심을 기울이지 않았습니다. 하지만 슘페터는 누구보다 먼저 기업에 주목했습니다. 특히 4차 산업혁명 시대를 맞아 지금은 누구나 익숙한 '창조적 파괴', '혁신', '기업가 정신' 같은 용어를 처음으로 경제학에 들여온 것도 슘페터지요. 그래서 미국

· 조지프 슘페터 ·

의 경제학자이자 하버드대학교 교수인 로렌스 서머스(Lawrence Summers, 1954년~)는 '21세기에 가장 중요한 경제학자'로 슘페터를 꼽기도 했답니다.

슘페터는 오스트리아에서 직물 업체를 운영하는 아버지 덕분에 여유 있는 가정에서 태어났습니다. 4세 때 아버지가 세상을 떠났지만 어머니가 귀족과 재혼하면서 귀족 자제들만 들어가는 엘리트 학교에 들어갈 수 있었지요. 이후 오스트리아에서 가장 큰 대학인 비엔나대학교에서 법학과 경제학을 공부했습니다. 23세에 경제학 박사 학위를 딴 뒤 교수가 되었고, 1919년에는 오스트리아의 재무장관이 되었지만 다른 장관들과의 마찰로 금방 물러나야 했습니다. 그뒤 은행장이 되었지만 인플레이션(물가 급등)으로 은행이 파산하는 바람에 빚을 져 평생 동안 두고두고 갚아야 했습니다.

우여곡절 많은 삶을 살다가 1933년 독일에 나치 정권이 들어서고 오스트리아도 그 영향 아래 놓이자 슘페터는 미국으로 망명했습니다. 이전에 가끔 강의한 적이 있는 하버드대학교에서 종신 교수직을 제안받아 1950년에 세상을 뜰 때까지 하버드대학교 교수로 지냈습니다. 대표적인 저서로는 『경기순환론』(1939)과 『자본주의 사회주의 민주주의』(1942) 등이 있습니다. 슘페터는 하버드대학교 경제학과를 세계 일류의 반열에 올려 놓았다는 평가를 받는데요. 그의 제자 중 하나가 미국인 최초로 노벨 경제학상을 수상한 폴 새뮤얼슨(Paul Samuelson, 1915~2009년)입니다.

경제 발전의 원동력은 혁신에서 나와요

슘페터 이전까지의 경제학자들은 경제를 움직이는 가장 큰 변수로 생산 능력과 가격 경쟁을 꼽았습니다. 생산자들은 이미 있는 기술로 효율성을 높여 상품을 대량 생산하고 한계비용(생산물 1개당 추가되는 비용)을 절감해 가격을 낮추는 방식으로 경쟁한다고 생각했지요. 또 질 좋고 싼 제품을 원활하게 공급하는 생산자들은 경쟁에서 살아남고 그렇지 못한 기업은 도태되면서 경제 발전이 이루어진다고 보았습니다.

하지만 슘페터는 경제 발전의 원동력은 생산 능력이나 가격 경쟁보다 혁신에 있다고 보았습니다. 경쟁에서 이기고 시장을 지배하는 혁신 능력을 통해 경제 발전이 이루어진다는 것입니다. 여기서 혁신은 탁월한 기술 개발뿐 아니라 새로운 시장과 판로 개척, 생산 방식 개선, 조직의 효율화 등을 두루 포괄하는 폭넓은 개념이지요. 오늘날의 기업들에는 너무도 당연한 이야기지만 슘페터가 활동하던 20세기 전반에는 경제학의 주된 흐름과 동떨어진 독특한 아이디어였습니다. 대공황과 제1, 2차 세계대전을 겪던 당시에는 부족한 수요를 메워 경제 위기에서 탈출하자는 케인스식 처방이 당장 시급했습니다. 그러니 장기적으로 기업의 혁신을 통해 경제를 발전시키자는 슘페터의 아이디어는 정부 책임자들의 귀에 들어오지 않았을 것입니다.

기업가 정신이 '창조적 파괴'를 이끌어요

슘페터는 시장의 판도를 바꾸는 기술 혁신을 '창조적 파괴'라고 이름 붙였습니다. 기존 시장을 파괴하는 동시에 새로운 시장을 창조해 낸다는 의미입니다. 그렇다면 창조적 파괴는 어떻게 일어날까요? 슘페터는 창조적 파괴의 주체는 기업가들이고, 혁신을 통해 창조적 파괴를 이루려는 의지를 기업가 정신이라고 표현했습니다. 기업가에 의한 혁신이 곧 경제 발전의 원동력이라는 것입니다.

슘페터는 가격에 의한 경쟁과 혁신에 의한 경쟁의 차이를 "문을 몸으로 밀어 여는 것과 폭격을 통해 부수는 것만큼이나 크다"고 설명했습니다. 따라서 아무리 1등 기업일지라도 경쟁자가 혁신적인 기술을 만들어 내면 그 지위를 유지하기 어렵다고 주장했습니다. 지금은 잘나가는 기업일지라도 끊임없이 혁신하지 않으면 쇠락하게 된다는 것입니다.

이런 슘페터의 아이디어는 과학 기술 발전에 따라 시장의 판도가 끊임없이 뒤바뀌는 20세기 후반의 모습을 잘 설명해 줍니다. 불과 20~30년 전만 해도 현상과 인화 과정을 거쳐야 하는 필름 카메라를 사용했습니다.

그 시절에 코닥은 카메라용 필름 업계에서 독보적인 세계 1위였습니다. 그러나 디지털카메라라는 혁신적인 기술이 등장하자 필름은 불필요한 존재가 되었고 코닥은 한순간에 몰락했습니다.

• 카메라 필름 •

휴대폰 분야 세계 1위였던 핀란드의 노키아가 애플의 스마트폰이 등장하며 사라지다시피 한 것도 마찬가지의 경우입니다. 이처럼 기술 혁신에 의한 창조적 파괴가 시장 변화와 경기 변동을 가져오고, 이로 인해 경제가 발전한다는 것이 슘페터의 생각이었습니다.

자본주의의 몰락을 예언했지만 빗나갔어요

슘페터는 자본주의의 발전 요인을 정확히 간파했으면서도 마르크스처럼 자본주의의 몰락을 예언했습니다. 그는 대표 저서인『자본주의 사회주의 민주주의』에서 자본주의가 발달할수록 기업의 규모가 커져 '창조적 파괴'를 주도하는 기업가들이 사라지고, 안정적인 관리에 치중하는 전문 경영인들이 그 자리를 대체할 것이라고 내다보았습니다. 기업이 관료 조직처럼 현상 유지에 급급하게 되어 자본주의 체제는 역동성을 잃고 사회주의로 전환될 것이라고 예상했지요.

숨페터는 자본주의의 혁신과 창조적 파괴가 가속화 할수록 그 반작용으로 자본주의에 적대적인 지식인이 늘고, 사회 복지를 선호하는 세력이 커져 사회주의가 도래할 것으로 예상했습니다. 다만 마르크스의 주장처럼 자본주의가 노동자 혁명을 통해 한순간 몰락하는 게 아니라 서서히 사회주의로 전환한다고 생각했지요.

하지만 실제로 몰락한 것은 사회주의(공산주의)였고, 자본주의는 창조적 파괴가 이어지며 여전히 건재한 모습을 띠고 있습니다. 미국의 경우 과거에는 GM(자동차), 유에스틸(철강), 엑손(석유) 등이 대표 기업이었지만 1980년대 이후로는 IBM(컴퓨터 제조업), 마이크로소프트(컴퓨터 소프트웨어)가 급성장했고, 2000년대에 들어서는 구글, 애플, 아마존, 페이스북, 테슬라 같은 혁신적인 기업들이 계속해서 등장하고 있습니다. 이처럼 새로운 도전을 하는 기업들이 끊임없이 나타난다는 것은 자본주의가 여전히 역동성을 갖고 있다는 증거로 볼 수 있습니다.

숨페터는 경제 발전의 요인을 꿰뚫어 봤으면서도 왜 자본주의의 미래에 대해서는 빗나간 예측을 한 걸까요? 숨페터는 혁신의 주체를 몇몇 기업가로만 한정해서 보았습니다. 하지만 오늘날 기업의 혁신은 한두 명의 천재적인 기업가들에 의해 이루어지지 않습니다. 기업과 대학 연구소, 정부 등의 유기적인 협력에 의해 혁신이 일어나고, 일본 도요타 자동차처럼 근로자들의 의견을 생산 공정에 적극 반영하는 경영 방식(도요타의 이러한 경영 방식을 카이젠改善이라고 합니다.)에 의해 혁신이 일어나기도 하지요.

애플 본사(위)와 도요타 본사(아래) 사진.
새로운 도전을 하고 경영 방식에 혁신을 일으키는 회사들의
경쟁력이 높아지고 있습니다.

우리나라 대기업들은 초창기만 해도 정주영 현대그룹 창업주, 이병철 삼성그룹 창업주 같은 기업가들이 주도했습니다. 그러나 세계적인 기업으로 성장한 지금은 한두 명의 천재가 아닌, 종합적인 혁신 역량이 기업의 경쟁력을 좌우합니다. 연구·개발에 수조 원을 투자하고, 전 세계에서 뽑은 우수한 기술 인력을 바탕으로 기술 혁신을 도모하는 데 주력하지요. 기업과 대학의 산학협력은 바이오, 정보기술 등의 신산업 분야에서 큰 역할을 담당합니다. 그런 점에서 오늘날 한 나라의 경제 발전은 창의적 인재, 과감한 투자, 도전 정신 등 국가 전체의 혁신 역량에 달려 있다고 할 수 있습니다.

시장과 선택할 자유를 중시한
밀턴 프리드먼

20세기 후반의 대표적인 경제학자예요

20세기에 가장 큰 영향을 미친 경제학자로 두 사람을 꼽는다면 존 메이너드 케인스와 밀턴 프리드먼일 것입니다. 대공황의 위기를 맞은 1930년대부터 1960년대까지가 '케인스의 시대'였다면 1970년대 이후는 '밀턴 프리드먼의 시대'라고 해도 과언이 아니기 때문입니다.

프리드먼은 1912년, 미국 뉴욕의 빈민가였던 브루클린에서 우크라이나 출신 유대인 이민자의 아들로 태어났습니다. 15세 때 아버지가 세상

• 밀턴 프리드먼 •

· 노벨상 ·

을 떠나자 생계를 위해 돈을 벌어야 했던 그는 어렵사리 뉴저지주에 있는 럿거스대학교에 장학생으로 들어갔습니다. 그리고 남다른 노력으로 시카고대학교에서 석사 학위를 딴 뒤, 컬럼비아대학교에서 박사 학위를 받았습니다. 이후 10년간 미국 재무부 등에서 근무한 프리드먼은 1946년에 시카고대학교의 교수가 되었습니다. 그곳에서 31년간 교수로 재직하며 시카고대학교 경제학과를 세계 최고의 경제학과로 키우는 데 크게 기여했습니다. 1976년에는 노벨 경제학상을 수상했는데요, 시카고대학교 경제학과는 노벨 경제학상 수상자를 30명이나 배출했을 만큼 세계적으로 유명합니다.

가난한 이민자의 아들이 자신의 노력으로 뛰어난 경제학자가 되기까지 프리드먼의 삶은 '아메리칸 드림'의 전형적인 모습을 보여 줍니다. 그의 삶과 경험은 그의 경제이론이 형성되는 과정에도 영향을 미쳤는데요. 프리드먼은 경제가 번영하려면 무엇보다 개개인이 자유롭게(각자 의지대로) 경제 활동을 할 수 있는 환경이 중요하다고 보았습니다. 이를 '경제적 자유'라고 부르는데요. 경제적 자유란 직업을 선택하고, 회사를 설립하고, 장사를 하고, 소비를 할 때 개개인이 자유로운 의지로 선택할 수 있는 상태를 말합니다. 프리드먼은 애덤 스미스가 강조했던 것처럼 개인의 이기심이 공익에 기여하기 위해서는 경제 활동에 그 어떤 통제나 속박이 없어야 한다고 주장했습니다.

정부가 간섭하고 통제할수록 경제는 위축돼요

프리드먼은 경제에 대한 국가의 영향은 적으면 적을수록 좋다고 봤습니다. 정부가 민간의 경제 활동에 간섭하고 통제할수록 민간의 경제 활동은 위축됩니다. 정부가 규제를 만들고 특정 집단에 보조금을 지원할 경우 세금이 늘고 민간에서 돌아야 할 돈이 정부에 흡수되기 마련입니다. 국채(정부 채권)를 발행해 돈을 빌려야 하기 때문입니다. 이로 인해 민간의 소비와 투자가 줄어드는 현상을 '구축효과'라고 합니다. 프리드먼은 이와 관련해 자주 "세상에 공짜 점심은 없다"는 비유를 들었습니다. 정부로부터 지원금을 받으면 공짜 돈이어서 좋지만 따지고 보면 그 돈이 결국 자신들이 낸 세금이니까요.

프리드먼이 경제적 자유를 중시하게 된 것은 자신의 삶과 경험 때문만은 아닙니다. 대공황을 연구하는 과정에서 그 원인이 시장의 문제가 아니라 정부의 잘못된 대응에 있다고 결론을 내렸기 때문인데요. 그는 특히 통화량(시중에 풀린 돈의 양)에 주목했습니다. 대공황 초기에 미국 중앙은행이 통화량을 3분의 1로 줄인 탓에 경기 침체 정도로 그칠 수 있는 일을 대공황으로 키웠다고 생각했습니다.

프리드먼은 경기가 지나치게 과열되거나 얼어붙는 이유를 정부의 통화량 정책과 연관이 있다고 봤습니다. 정부는 대체로 '형편없는 운전자'여서 난폭 운전을 할 때가 더 많다는 것인데요. 그는 '샤워실의 바보'라는 유명한 비유로 이를 설명했습니다. 샤워할 때 처음에 물을 틀면 찬물이 나옵니다. 조금 기다리면 더운물이 나올 텐데 조급하게 수도 손잡이를 온수 방향 끝까지 돌립니다. 그러다 뜨거운 물이 나오기 시작하면 '앗, 뜨거워!' 하며 손잡이를 냉수 쪽으로 급작스레 돌리는 일을 반복합니다. 이런 바보 같은 행동처럼, 정부의 섣부른 경제 정책이 경기 변동폭을 오히려 크게 만들 수 있다는 것이지요.

프리드먼은 정부(중앙은행)가 멋대로 통화량을 조절하지 말고 경제 성장률, 물가 상승률 등의 변화에 따라 정해진 공식에 맡기는 게 낫다고 주장했습니다. 그래야 개인과 기업 등 경제 주체들이 합리적으로 예측하고 행동할 수 있다는 것입니다. 정부 당국자들이 아무리 똑똑해도, 여러 변수에 의해 가격이 변동하고 수요와 공급이 자연스레 조정되는 시장을 뛰어넘을 수 없다고 본 것이지요.

프리드먼은 자유롭게 거래가 이루어지는 시장에는 어떤 차별도 없다고 했습니다. 왜냐하면 소비자는 상품을 만든 생산자의 성별, 나이, 인종, 종교 등에는 관심이 없고 오직 품질과 가격만 보고 구매를 결정하기 때문입니다. 이런 시장을 정부나 특정 세력이 이런저런 방식으로 규제하는 순간, 소비자 전체가 아닌 특정 집단에만 이익이 돌아간다는 것이지요. 실제로 현대의 많은 나라에서 이익 집단들이 자기들의 이익을 높이기 위해

• 로널드 레이건 대통령으로부터 최고 훈장인 대통령 자유 메달을 받는 프리드먼 모습 •

정치인에게 로비를 하고 정치인은 이런 집단에 특혜가 되는 법을 만들어 경제적 자유를 규제하는 일이 적지 않습니다. 그럴수록 경제는 뒷걸음질 칠 수밖에 없지요.

미국과 영국 경제가 살아나는 데 기여했어요

1970년대에 두 차례의 석유 파동을 겪으며 세계 경제는 스태그플레이션(경기 침체 속에 물가까지 급등하는 악성 불경기)에 빠졌습니다. 그때 프리드먼의 경제이론이 큰 효과를 발휘했습니다. 스태그플레이션 상태에서는 케인스식 처방대로 정부가 돈을 풀어 유효수요를 늘려 봐야 인플레이션 (지속적인 물가 상승)만 초래하고 경기가 더 나빠지기 때문입니다. 프리드먼은 인플레이션을 '사실상의 세금'으로 봤습니다. 물가가 계속 오르면 돈의 값어치가 떨어져 사람들이 똑같은 월급을 받더라도 소비할 수 있는 여력이 줄어들기 때문입니다.

프리드먼은 개인과 기업이 자유롭게 경제 활동을 할 수 있도록 정부의 간섭을 줄이고 세금을 낮춰 돈의 값어치가 떨어지지 않도록 해야 한다고 주장했습니다. 1980년대에 극심한 불황을 겪고 있던 미국과 영국은 프리드먼의 처방을 채택했습니다. 미국 정부는 당시 중앙은행의 기준금리를 연 20퍼센트까지 높여 돈의 값어치를 올리면서 물가를 잡았습니다. 이와 함께 세금을 낮추고 경제 활동에 관한 규제를 대폭 풀어 기업이 활발하게 움직이게 했습니다. 그 결과 초반에는 높은 이자율로 인해 고통이 적지 않았지만 결국 장기간의 불황에서 벗어나 1990년대에는 호황을 누리게 되었지요.

'노쇠한 제국'으로 불리던 영국도 비슷한 방법으로 경제의 활력을 되찾았습니다. 수도 런던은 세계 금융의 중심지로 떠올랐고, 영국은 유럽에서도 가장 활력 있는 나라로 변모했습니다. 공산국가인 중국이 1979년 자본주의와 유사한 개혁·개방 정책을 도입해 세계 2위의 경제 대국으로 발전한 것도 프리드먼의 처방대로 국민의 경제 활동을 자유롭게 하고 재산을 소유할 수 있게 한 것이 주요인이라고 할 수 있습니다.

'노쇠한 제국'으로 불리던 영국은 프리드먼의 처방을 채택하여
불황을 극복하였고, 런던은 세계 금융의 중심지로 떠올랐습니다.

경제학자들의 아이디어가 쌓이고 쌓여 경제학을 이뤘어요

대공황 이후 케인스의 아이디어가 40년간 효과를 냈다면 이후 약 40년은 프리드먼의 아이디어가 경제 발전에 기여했다고 할 수 있습니다. 케인스처럼 정부의 역할을 중시하는 경제이론을 '케인스주의'라고 하고, 프리드먼처럼 자유로운 시장을 중시하는 경제이론을 '시카고 학파'라고 부릅니다. 프리드먼이 몸담았던 시카고대학교를 중심으로 생겨난 학파이기 때문이지요. 세계 경제는 매년 변하지만 수십 년 단위로 커다란 흐름이 바뀌는 경우가 많습니다. 이에 따라 경제학의 주된 흐름도 변합니다. 지금도 경제에 문제가 발생할 때마다 경제학자들 간에 '시장이냐, 정부냐' 하는 논쟁이 끊이지 않고 있습니다.

케인스식 경제이론이 1970년대에 접어들어 쇠퇴했듯이, 프리드먼식 경제이론은 2008년에 미국발 글로벌 금융 위기가 발생하면서 큰 비판을 받았습니다. 금융에 관한 규제가 느슨해지면서 금융회사들이 대출을 늘리고 위험한 투자에 나섰다가 전체 경제가 큰 위기를 맞은 것입니다. 정부의 간섭을 축소하는 게 경제에 도움이 되는 것은 맞지만, 그렇다고 정부가 아무것도 안 하는 게 능사도 아닐 것입니다. 스포츠 경기의 심판 같은 역할은 경제에서도 늘 필요합니다.

2020년 세계 경제는 코로나바이러스 감염증-19로 인해 큰 위기에 처했습니다. 기본적인 일상생활조차 어려워지며 소비는 얼어붙고 기업과 자영업자들의 생존이 위협받고 있습니다. 이와 더불어 금융시장까지 흔

들리는 상황에서 정부는 신속하고 적절한 역할을 할 필요가 있습니다. 그러나 위기가 진정된 이후에는 다시 민간의 경제 활동이 활발해지도록 여건을 조성해 주는 것이 바람직할 것입니다.

어떤 경제이론도 수학공식이나 물리법칙처럼 완벽한 것은 없습니다. 비록 그 당시에는 적합했어도 시간이 지나면서 경제 환경이 달라지면 경제학자들의 아이디어가 들어맞지 않는 경우가 많기 때문입니다. 이에 관한 우스갯소리가 있습니다. 어떤 경제학과 교수가 매년 똑같은 시험 문제를 냈다고 합니다. 그러자 주위에서 그렇게 하면 학생들이 몇 해 전 시험답안을 구해 암기하면 어떻게 하냐고 물었습니다. 그 교수는 이렇게 답했답니다. "괜찮습니다. 문제는 같아도 답을 매년 바꿔야 하니까요."

우리는 애덤 스미스 이래 약 250년간 위대한 경제학자들이 우리네 삶의 질을 개선하기 위해 고민하고 연구한 결과물이 혼합된 시대에 살고 있습니다. 지금까지 살펴본 경제학자들의 생각은 제각기 다르고 정반대인 경우도 있지만 그런 아이디어들이 모여 경제학을 살찌우고 경제 발전의 길을 열었습니다.

경제학자는 경제의 앞날을
예측할 수 있을까요?

근대 이후 경제학자들의 아이디어는 인류의 삶을 극적으로 개선하는 데 매우 중요한 역할을 했습니다. 그래서 애덤 스미스, 존 메이너드 케인스 같은 위대한 경제학자들을 '세상을 움직인 천재'라고 부르지요.

그렇다면 경제학자들은 '현대판 선지자'로서, 미래를 예측하고 경제를 어떻게 운영해야 할지 알 수 있을까요?

결론부터 말하면, 세상의 그 누구도 앞날을 정확히 예측할 수는 없습니다. 당장 내일 내게 무슨 일이 닥칠지도 모르는데, 수백만, 수천만 명이 얽히고 설킨 경제를 제대로 예측할 수는 없습니다. 그것은 사람이 아니라 신이나 가능한 일입니다. 한 유명한 경제학자는 1929년 대공황으로 주가가 폭락하기 일주일 전에, 주가가 계속 고공 행진할 것으로 전망했다가 평생 오점을 남기기도 했습니다. 2008년 금융 위기가 세계 경제에 엄청난 충격을 몰고 왔을 때는, 바로 직전까지도 위기가 발생할 가능성을 제대로 예측한 경제학자는 없었습니다. 금리가 낮아지자 사람들이 빚을 내 무리하게 집을 샀고, 은행들은 집값보다도 더 많은 돈을 대출해 주었습니다.

투자 회사들은 그런 대출금을 담보로 이런저런 위험한 파생금융 상품을 만들어 마구 팔았고요. 아무도 비상벨을 울리지 않았던 것입니다.

1997년 우리나라가 외환 위기에 처했을 때도 마찬가지입니다. 몇몇 대기업이 부도가 나고, 외화(달러)가 빠져나가는 상황인데도 정부는 경제의 펀더멘털(한 나라의 경제 상태를 나타내는 기본적인 경제지표)이 괜찮다는 말만 되풀이했습니다. 수백 명의 경제학자들이 모여 있는 한국은행이나 경제연구소 등에서는 막연히 걱정만 했을 뿐, 나라가 부도날 수 있다는 위험을 미리 알리지 못했습니다. 그래서 위기가 터질 때마다 뒤늦게 국내외의 수많은 경제학자들이 제대로 분석하고 경고하지 못한 데 대한 사과와 반성문을 쓰기도 합니다.

지금도 경제연구소, 중앙은행, 국제기구 등에서는 수시로 경제 전망을 내놓고 있습니다. '우리나라 경제가 내년에 몇 퍼센트 성장할 것'이라는 식의 경제 전망이 나오면 미디어에 즉시 보도됩니다. 하지만 그런 경제 전망은 대개 빗나가게 마련입니다. 불황을 예상했는데 호황이 온다든지, 경기 회복을 예상했는데 거꾸로 더 나빠지는 경우가 허다합니다. 그럴 수밖에 없는 것이, 경제를 움직이는 무수한 변수를 정확히 예측하기란 불가능한 일인 데다, 설사 예측이 정확했다 해도 사람들이 그 예측에 맞춰 다른 행동을 해 전혀 다른 결과가 나올 수 있기 때문입니다. 예를 들어 올해 경제 성장률이 3퍼센트인데 내년에는 1퍼센트로 떨어질 것이라고 예측하면 개인과 기업은 불황에 대비해 소비와 투자를 줄이고 현금을 확보하려 할 것입니다. 그러면 실제 성장률은 더 떨어지게 되지요. 그래서 경제지표로

• 경제학자들은 나침반 역할을 해줘요. •

경제의 앞날을 예측하는 것은 "KTX 역방향 좌석에 앉아 다음에 어떤 풍경이 나타날지 예상하는 것과 같다"고 표현하기도 합니다. 일이 지금 일어나고 있는데 역방향에 앉았으니 바로 보지 못하고 지나간 다음에나 볼 수 있다는 뜻입니다.

경제학자 중에는 '닥터 둠'으로 불리는 이들이 있습니다. 둠(doom)은 불길한 운명, 파멸 등을 뜻하는데, 항상 경제가 나빠질 것이라는 비관적인 예측을 해서 이런 별명이 붙여졌습니다. 낙관적이든, 비관적이든 경제 전망을 한 방향으로만 내놓는다면 신뢰하기 어렵습니다. 어쩌다 한두 번은 맞을 수 있겠지만, 이는 고장 나 멈춘 시계도 하루에 두 번은 맞는 것과 다름없기 때문입니다.

그렇다면 경제학은 경제의 앞날을 예측하는 데 전혀 도움이 안 되는 것일까요? 그렇지는 않습니다. 경제를 움직이는 다양한 변수를 점검해 앞으로 경제가 호전될지, 나빠질지 방향을 잡는 것만으로도 의미 있는 일이기 때문입니다. 경제학자들이 오랫동안 관찰해 온 경제 현상에는 늘 그런 것은 아니지만 어느 정도 법칙이 작용합니다. 예를 들어 가계와 기업의 부채가 계속 늘어나고 주가와 부동산 가격이 빠르게 치솟으면 막 따른 맥주처럼 경제에 거품이 낀 것으로 진단하고, 머지않아 거품이 꺼질 것을 점칠 수 있는 것처럼 말입니다. 이를 바탕으로 경제학자들은 불황이 길어질 때 무엇이 문제이고, 어떤 조치를 취해야 경기가 회복될지 대안을 찾지요.

경제학자들은 경제에 영향을 미치는 요인들을 감지하는 전문가들입니다. 당장은 잘 보이지 않는 경제의 변화무쌍한 움직임을 미리 포착해 대비할 수 있는 시간을 벌어 줍니다. 비록 예측이 잘 맞지 않더라도 경제학자들은 앞으로 나아갈 방향을 잡아 주는 나침반 같은 역할을 하므로 경제학자들의 경제 전망이 맞냐, 틀리냐를 따지기보다는 그런 예측을 한 근거가 무엇인지를 살펴보는 것이 더 중요합니다. 정확한 미래 예측은 신의 영역이지만, 미래의 위험에 대비하는 것은 인간의 영역이기 때문입니다.

경제학은 우리 삶과
어떤 관련이 있을까요?

경제학은 누가 봐도 어렵습니다. 경제학을 전공한 사람들도 어려워하는 판국에 청소년들은 오죽할까요? 경제학에 관심을 가지고 접근하려고 해도 무엇부터 시작해야 할지 막연하기도 할 테고요. 하지만 우리의 일상생활이 곧 경제 활동이고, 경제학은 그런 경제를 다루는 학문입니다. 경제의 기본 원리를 익히고 주위에서 벌어지는 일을 눈여겨보면 우리의 삶 속에 경제원리가 두루 스며들어 있음을 알 수 있습니다. 영어에 왕도(王道)가 없듯이 경제학에도 왕도는 없습니다. 하지만 지레 겁부터 먹지 말고 주변을 살펴보면 경제가 돌아가는 원리가 보이고, 그런 지식이 쌓여 결국 경제학에 친숙해질 것입니다.

우리는 매일 밀당과 게임을 하고 있어요

짜장면 먹을까, 짬뽕 먹을까 늘 고민이에요

우리는 매일, 매 순간 선택을 해야 합니다. 날이 흐린데 우산을 들고 나 갈까요, 귀찮은데 그냥 나갈까요? 친구들과 놀이 동산에 가고 싶은데 롯 데월드로 갈까요, 에버랜드로 갈까요? BTS도 좋고, 엑소도 좋은데 누구 의 굿즈를 살까요?

중국집에서도 똑같아요. 짜장면을 시킬까요, 짬뽕을 시킬까요? 짜장면 을 시키면 친구가 먹는 짬뽕이 먹고 싶고, 짬뽕을 주문하면 짜장면이 맛있 어 보입니다. 짜장면을 주문하면 그 선택으로 인해 먹을 수 없게 된 짬뽕 은 '기회비용'이 됩니다. 기회비용이란 어떤 선택으로 인해 포기해야 하는 기회 또는 그 기회의 가치를 뜻합니다. 그래서 아예 짬짜면 메뉴를 파는 중국집도 있습니다. 그런데 막상 짬짜면을 먹으면 짜장면이나 짬뽕 중 하나만 먹을 때와 비교해 그다지 맛있다는 느낌이 들지 않습니다. 아마도 선택하지 못한 것에 대한 아쉬움이 없어서가 아닐까 싶습니다.

흔히들 뷔페에 가면 배가 터지도록 먹습니다. 뷔페 이용료가 아까워서 최대한 많이 먹게 되는데요. 사람들은 누구나 손해 보는 것을 싫어하고, 같은 물건도 싸게 샀을 때 만족도가 더 높아집니다. 만약 뷔페 이용료가 1인당 2만 원이라면, 한 접시만 먹고 나올 경우 접시당 가격은 2만 원이고 두 접시를 먹으면 접시당 가격은 1만 원이 될 것입니다. 열 접시를 먹으면 접시당 가격이 2000원꼴이 되지요. 여러 접시를 먹어야 이득일 것 같아 가능한 한 많이 먹지만 식당에서 나올 때쯤이면 속이 더부룩해 고생하게 됩니다.

뷔페 이용료는 이미 낸 이상 돌려받을 수 없으므로 그게 아까워 먹고 또 먹다 보면 후회하게 됩니다. 이처럼 다시 되돌리거나 회수할 수 없는 비용을 경제학에서는 '매몰비용'이라고 부릅니다. 또 매몰비용이 아까워 잘못된 선택을 계속 밀고 나가는 것을 '매몰비용의 오류'라고 하지요.

우리는 살아가면서 끊임없이 선택하고 비용을 지불합니다. 그리고 그 선택과 비용을 곱씹으며 후회를 반복합니다. 사람들은 비용을 최소화하려는 경제성 원칙에 따라 행동하기 때문입니다. 이처럼 우리의 행동은 경제학을 배웠든, 배우지 않았든 경제원리의 지배를 받습니다.

매몰비용의 오류는 '콩코드 오류'라고도 합니다.
콩코드는 세계 최초의 초음속 여객기였는데,
실용성과 경제성이 낮아 엄청난 투자비를 들였지만 포기해야 했습니다.
하지만 영국과 프랑스는 투자한 돈이 아까워 끝까지 포기하지 않았고
결국 폭발사고로 전원이 사망하면서 운항을 중단했습니다.

세상에 내 마음대로 할 수 있는 것은 없어요

부모님으로부터 용돈을 받을 때 누구나 그렇듯이 다다익선(多多益善), 즉 많으면 많을수록 좋겠지요. 하지만 부모님은 무작정 자녀가 달라는 대로 용돈을 주지 않습니다. 너무 많이 줘도 문제, 적게 줘도 문제라고 생각하기 때문입니다. 자녀가 원하는 용돈 수준과 부모님이 주는 금액의 차이가 클 땐 어떻게 해야 할까요?

그럴 때는 부모님과 '용돈 협상'을 벌여야 합니다. 부모님 말씀을 잘 듣고, 방도 잘 정리하고, 열심히 공부하는 모습을 보이면서 부모님의 기분이 좋아 보일 때 용돈을 올려 달라고 슬쩍 말씀드려야 하지요. 하지만 부모님은 그 정도로 쉽게 넘어가지 않습니다. 용돈 인상 조건으로 구체적인 목표 달성(성적 향상)을 요구할 수도 있습니다.

이렇듯 세상에는 내 마음대로 할 수 있는 것이 별로 없습니다. 원하는 것을 얻으려면 상대방과 밀고-당기기를 해야 합니다. 쉽게 말해 '밀당'을 해야 하지요. 1부에서 언급한 것처럼 '자원은 희소하고 욕구는 무한한 세상'에서 각자 자신의 욕구를 조금씩 양보하면서 합의점을 찾아야 합니다. 상인은 물건을 비싸게 팔고 싶고, 소비자는 싸게 사고 싶어 합니다. 서로 자기 고집만 부린다면 거래가 성립할 수 없습니다. 상인과 소비자 간에 밀당과 흥정을 거듭한 끝에 서로 만족할 수준에 이르러야 타협(균형가격)에 도달할 수 있습니다. 용돈을 놓고 벌이는 협상도 더 받고 싶은 자녀와 덜 주면서도 자녀에게 공부를 시키고 싶은 부모님이 서로 타협점을 찾아가는 과정이라고 볼 수 있습니다.

　이런 밀당은 대학입시 원서 접수에서 눈치 작전을 벌이는 수험생들 사이에서, 값비싼 장난감을 사달라고 떼쓰는 아이와 부모 사이에서, 입사 면접장에서 자신의 우수성과 성실성을 최대한 부각하려는 지원자와 그것이 진실인지 과장인지를 가려내려는 면접관 사이에서도 벌어집니다. 어쩌면 우리의 하루하루가 밀당의 연속이나 다름없습니다.

'죄수의 딜레마'를 이해하면 쉬워요

　상대방이 어떻게 나오느냐에 따라 내가 얻을 수 있는 보상(효용)이 달라지는 상황은 일상에서 아주 흔한 일입니다. 이런 상황을 연구하는 것이 경제학의 한 분야인 '게임이론'입니다. 게임이론이란 한쪽의 행동이 경쟁 상대의 행동에 영향을 미치는 상황에서 어떻게 의사결정을 하는지를 연구하는 경제학의 한 이론입니다.

　게임이론은 제2차 세계대전 때 탄생했습니다. 전쟁에서 승리하는 것이 최종 목표지만 가장 바람직한 결과는 싸우지 않고(아군의 피해를 최소화하며) 이기는 것이란 점에서, 수학과 경제학 분석을 통해 최선의 군사전략을 연구하는 과정에서 만들어졌습니다. 2000년대 이후 게임이론은 노벨 경제학상 수상자를 자주 배출할 만큼 경제학에서 가장 주목받는 분야가 되었습니다.

여기서 게임이란 스포츠나 바둑, 포커 같은 경기를 연상하면 됩니다. 게임이 성립하려면 나와 상대방 등 경기자가 있고, 전략이 필요하며, 전략에 따른 보상이 있어야 합니다. 또한 축구에서 두 팀 간의 경기도 게임이지만, 페널티 킥을 차는 키커와 그것을 막아야 하는 골키퍼 간에도 게임이 벌어집니다. 게임에서 최선의 결과를 얻어내려면 나만 잘해서는 안 됩니다. 내가 움직일 때 상대방은 어떻게 반응할지 고려해서 최선의 전략을 찾아야 합니다.

게임이론을 설명할 때 가장 유명하면서 대표적인 것은 '죄수의 딜레마'입니다.

강도 사건의 용의자로 A와 B가 경찰에 체포되었습니다. 범죄행위로 보면 징역 5년씩을 받을 정도지만 증거가 불충분해 용의자들의 자백이 필요했습니다. 그러나 절친한 사이인 A와 B는 사전에 범죄 사실을 잡아떼기로 약속했습니다. 경찰이 두 용의자를 각기 다른 취조실로 데려가 회유와 위협을 섞어 넌지시 말했습니다. "네가 먼저 자백하면 풀어 주겠지만 네 친구가 자백했는데 너만 끝까지 부인하면 위증죄까지 더해져 징역 9년의 가중 처벌을 받는다."

이때 A와 B는 각자 다른 방에서 고민(딜레마)에 빠졌습니다. A는 '만약

• '죄수의 딜레마'는 협력하지 않고 자신의 이익만을 좇다 결국 최악의 상황에 이르는 것을 가리킵니다. •

저 친구가 먼저 자백하면 어떡하지? 나 혼자 감옥에서 9년이나 썩어야 하나?'라고 생각했습니다. B 역시 똑같은 고민을 했습니다. 결국은 상대가 어떻게 나올지 몰라 고민하다가 모두 자백해 징역 5년을 받게 된다는 것이 '죄수의 딜레마'입니다. 둘 다 끝까지 부인했으면 징역 1년으로 끝냈을 것을, 상대를 의식해 둘 다 자백함으로써 오히려 손해를 본 것이지요.

죄수의 딜레마를 보여 주는 대표적인 사례는 산유국들의 원유 감산(減産) 합의입니다. 산유국들은 국제 유가를 올리기 위해 생산량을 줄이자고 철석같이 약속합니다. 하지만 대개 그 약속은 오래가지 못합니다. 정작 유가가 올라가면 누군가 먼저 합의를 깨고 생산량을 늘려 다시 유가가 급락하는 일이 반복되지요. 산유국 전체로 보면 유가 상승이 최선의 결과지만 한 나라의 입장에서는 유가가 올랐을 때 더 빨리 많이 파는 게 이득이기 때문입니다.

미팅에서 게임원리를 찾아낸 천재 학자가 있어요

세계 200여 개 국가 중 한국과 미국을 포함한 70퍼센트의 국가는 자동차와 사람이 우측통행을 하지만 영국, 일본, 인도 등 30퍼센트의 국가는 좌측통행을 합니다. 우리나라는 본래 보행자는 좌측통행이었는데 2010년에 자동차처럼 우측통행으로 바뀌었습니다. 시행 초기에는 마주 오던 사람끼리 부딪치고 뒤엉킨 경우가 많았지만 10년이 지나면서 어느 정도 정착되었지요.

'좌측통행이냐, 우측통행이냐'는 평소 같으면 별문제가 되지 않습니다. 사회에서 정한 약속대로 통행하면 됩니다. 그러나 게임이론 가운데 유명한 '주행게임'이란 상황에 처한다면 이야기는 달라집니다. 주행게임은 다음과 같은 상황입니다. 어느 날 문득 정신을 차려 보니 전혀 와본 적 없고, 차도 안 보이고, 중앙선과 표지판도 없는 황량한 도로 한복판에 서 있습니다. 차를 운전해서 출발하려는데 저 멀리서 차가 질주해 옵니다. 차를 도로 오른쪽으로 몰아야 할까요, 아니면 왼쪽으로 몰아야 할까요?

갑작스레 이런 상황에 처하면 한쪽을 선택하기 쉽지 않을 것입니다. 맞은편에서 달려오는 차가 좌측통행이면 나도 왼쪽으로, 우측통행이면 나도 오른쪽으로 달려야 정면충돌을 피할 수 있습니다. 서로 엇갈려 주행하면 충돌하고 말겠지요. 그렇기에 한 나라에서 한번 정해진 규칙이나 관습은 쉽게 안 바뀌게 마련입니다. 주행게임처럼 이미 정한 '전략'이 최선이어서 더 이상 바꿀 필요가 없는 상태를 '내시 균형'이라고 부릅니다. 이런 상태에서는 나도 상대방도 주어진 환경에서 최적의 선택을 해서 균형을 이뤘기 때문에 이를 바꿀 이유가 없습니다.

내시 균형에서 내시는 조선시대에 임

• 게임이론의 선구자 존 내시 •

금을 모시던 환관을 말하는 것이 아니라, 미국의 천재 수학자이자 게임이론으로 1994년에 노벨 경제학상을 수상한 존 내시(John Nash, 1928~2015년)의 이름입니다. 내시는 고작 22세이던 1950년에 발표한 27쪽짜리 논문에서 게임이론을 현실에 본격 적용할 수 있는 개념을 발표했습니다. 이 짧막한 논문으로 게임이론의 영역을 넓힌 천재지요.

내시는 그의 일생을 다룬 영화 〈뷰티풀 마인드〉로 세계적으로도 유명해졌습니다. 영화에서는 내시가 '내시 균형'의 아이디어를 얻는 상황이 재미있게 그려집니다.

내시가 친구 넷과 함께 대학교 내 주점에 앉아 있는데 금발 미녀 한 명이 친구 네 명과 함께 들어옵니다. 5대 5로 미팅을 하고 싶은데 남자 5명 모두 금발 미녀에게만 관심이 있습니다. 이때 내시는 각자 자기 이익을 위해 최선을 다하는 게 전체에 이익이 된다는 애덤 스미스가 틀렸다고 외칩니다. 그리고 친구들에게 "우리가 금발에게만 관심을 보여 쟁탈전을 벌이면 아무도 성공하지 못해. 그러다 금발의 다른 친구들에게 다가가면 대타 취급당했다는 생각에 매몰차게 무시하겠지. 금발 미녀에게만 접근하지 않고 그녀의 친구들과 잘 어울리는 것이 모두에게 이익이 될 거야"라고 말합니다. 즉 서로 경쟁하는 것이 아닌 협력을 통해 전체의 이익을 도모할 수 있다는 것이지요. 내시는 자신의 이익뿐 아니라 전체 집단의 이익도 생각해야 모두에게 최적의 결과가 나온다고 보았습니다. 각자에게 최선의 결과는 아니지만 전체 집단이 어느 정도 만족하면 그 상태가 유지될 수 있다는 게 내시 균형의 의미입니다.

경제학은 멀리 있고, 우리와 아무런 상관도 없는 게 아니라 이렇게 가까이, 우리의 삶과 아주 밀접하게 있습니다.

선진국일수록 직업의 종류가 다양해요

미국은 3만 개, 한국은 1만 1000개예요

경제학에서는 일자리와 직업도 중요한 연구 과제가 됩니다. 경제가 발전하고 성숙한 선진국일수록 직업이 다양합니다. 각국의 직업 수에 대한 종합 통계는 없지만, 한국과 미국, 일본의 사례를 비교해 보면 뚜렷합니다. 한국고용정보원에 따르면 세계 1위 경제 대국인 미국은 2010년 기준으로 직업 수가 3만 654개에 달합니다. 미국은 10년마다 직업 수를 조사하는데 2020년 통계가 나오면 아마도 숫자가 훨씬 늘어나 있을 것으로 예상됩니다. 반면 우리나라의 직업 수는 2011년 기준으로 1만 1655개로 미국의 40퍼센트도 채 안 됩니다. 일본의 1만 6433개에 비해서도 약 70퍼센트 수준이지요.

이처럼 경제 발전 수준에 비례해 직업의 종류가 늘어나는 것은 '분업'과

• 무인도 생존기 〈캐스트 어웨이〉에서 자급자족하는 톰 행크스의 모습 •

밀접한 연관이 있습니다. 분업의 확대가 곧 경제 발전이고, 분업이 활발한 나라일수록 시간의 가치가 커지기 때문입니다. 로빈슨 크루소처럼 홀로 자급자족해야 하는 상황이라면 스스로 먹을 것을 구하고, 입을 옷을 만들고, 살 집을 지어야겠지만 현대 사회에서 그럴 수 있는 사람은 아마 없을 겁니다. 자급자족은 원시 부족 또는 정글의 생활을 보여 주는 텔레비전 프로그램에서나 볼 수 있는 모습이지요. 무엇보다 개인이 혼자 다 하는 것보다 서로 잘하는 일을 나눠서 할 때 더 많이 생산하고 여가를 누리며 잘 살 수 있습니다.

후진국에서는 만능맨이 되어야 해요

경제 발전이 더딘 나라에서는 보통 한 사람이 여러 가지 일을 합니다. 가난한 나라의 가장은 무엇이든 할 수 있는 만능맨이 되어야 합니다. 가축을 키우고 농사를 지으면서 집을 수리하고, 전기를 연결하고, 고장 난 TV도 직접 고치는 등 못 하는 일이 없습니다. 그럴 수밖에 없는 것이 고칠 사람을 부르려고 해도 마땅한 사람이 없고, 부를 만한 형편도 안 되기 때문입니다.

반면에 선진국의 가장은 그렇지 않습니다. 자기 직업에는 누구보다 뛰어난 전문 지식을 가졌지만, 그 외에는 할 줄 아는 것이 별로 없습니다. 하지만 집 청소, 해충 제거, 요리, 정원 관리, 가전제품 수리, 전기 점검 등의 일을 대행해 줄 사람 또는 업체가 많기 때문에 걱정할 필요가 없습니다.

선진국일수록 이처럼 일이 세분화되고 발달하였습니다. 데이비드 리카도가 국가 간 무역에서 비교우위로 서로 이득을 얻을 수 있다고 본 것처럼, 개인 간에도 비교우위가 적용될 수 있습니다. 누구에게나 하루 24시간은 똑같이 주어지지만 각자가 가진 기술과 능력의 차이에 따라 성과는 달라집니다. 잘사는 나라일수록 시간의 가치가 높습니다. 한 사람이 1시간 동안 생산할 수 있는 능력(노동생산성)이 그만큼 높아서, 그 시간에 잡일(비전문분야의 일)을 할 때 잃게 될 기회비용이 커집니다. 이런 경우에는 자기가 잘하는 일에 몰두하고, 못하는 일은 다른 사람에게 맡기는 것이 이익입니다. 아무리 뛰어난 컴퓨터 공학자라도 집 안의 PC 점검은 출장 기사에게 맡기고 자신은 연구에 몰두하는 게 더 능률적이라는 말입니다. 그래서 선진국일수록 직업이 다양하고 일자리가 많습니다. 잘사는 나라로 직업을 찾아 이주하는 것도 이 때문이지요.

왜 선진국일수록 임금이 높을까요?

세계적인 경제학자인 영국 케임브리지대학교의 장하준 교수는 2010년 『그들이 말하지 않은 23가지』라는 책에서 흥미로운 사례를 예로 들었습니다.

스웨덴의 스벤과 인도의 람은 같은 버스 운전사입니다. 그런데 스벤은 람보다 임금을 50배나 더 많이 받습니다. 스벤의 운전 솜씨가 람보다 50배 뛰어난 것도 아닌데, 큰 차이가 나는 것입니다. 오히려 람은 인도의 비좁은 도로에서 수시로 튀어나오는 소, 인력거, 자전거 등을 요리조리 피해 가는 곡예 운전의 달인입니다. 운전 기술만 놓고 보면 람이 스벤보다 훨씬 뛰어나지만 임금은 그렇지 않습니다. 장하준 교수는 임금 차이의 이유로 스웨덴이 이민을 억제해 스벤이 가난한 나라에서 온 이민자들과 일자리 경쟁을 하지 않아도 되기 때문이라고 주장했습니다. 이민이 열려 있다면 스벤이 50배나 많은 임금을 받을 수 없을 것이라는 이야기입니다.

이 주장을 얼핏 들으면 맞는 말 같은데 조금 더 생각해 보면 어딘가 이상합니다. 이민자의 나라라는 미국에서도 힘들고 어려운 일은 대부분 가난한 나라에서 갓 이민 온 사람들이 담당합니다. 현지에서 태어난 미국인은 임금이 높고 근무 환경도 좋은 일자리를 차지하는 게 보통입니다. 따라서 스웨덴에서 이민을 억제하기 때문에 버스 운전사가 고임금을 받는다고 보기는 어렵습니다.

그렇다면 선진국과 후진국의 임금 격차는 왜 생길까요? 경제학에서는 그 이유를 노동생산성의 차이로 설명합니다. 노동생산성은 노동투입량(근로자 수와 근로 시간) 대비 산출량(성과)을 가리킵니다. 적은 인력으로도 큰 성과를 내면 노동생산성이 높은 것이고, 같은 성과를 냈는데 투입한 인력이 더 많았다면 그만큼 노동생산성이 낮다고 볼 수 있습니다. 따라서 임금은 노동생산성에 비례해 오르게 마련입니다. 성과가 같다면 투입된 노동력이 적을수록 더 많이 나눠 줄 수 있기 때문입니다. 선진국 노동자의 노동생산성이 높은 것은 더 많은 교육을 받고, 더 성능 좋은 기계를 활용해 일할 수 있기 때문입니다.

아울러 스웨덴에서는 버스 운전 말고도 중장비, 컴퓨터 등 다른 분야의 직업을 가질 기회가 더 많습니다. 다른 직업을 가질 기회가 많은 것과 버스 운전사 임금이 높은 것은 무슨 상관이 있는 걸까요? 대부분의 직업이 인도의 같은 직업보다 노동생산성이 높아 임금도 더 많이 받게 마련입니다.

또 하나 빼놓을 수 없는 것이 그 사회가 요구하는 직업 윤리입니다. 스웨덴에서 버스 운전사에게 요구하는 조건은 곡예 운전이나 난폭 운전이 아닐 것입니다. 인도에서처럼 급작스럽게 튀어나오는 것들이 없는 환경에서는 요리조리 피해 운전하는 솜씨보다 정시 출근, 정시 운행, 교통 신호 준수, 안전 운전 등이 버스 운전사의 필수 조건일 것입니다.

이렇게 규정을 잘 지키고 근무 시간에 열심히 일하는 직업 윤리는 그냥 생겨나는 것이 아닙니다. 어려서부터 준법 교육을 받아 시간을 철저히 지키고 안전을 중시하는 태도가 몸에 배야 하지요. 결국 국가 전체의 생산성과 분업의 수준, 직업 윤리 등의 차이가 선진국과 후진국 간에 임금 격차가 생기는 이유라고 정리할 수 있습니다.

사라지는 직업도, 새로 생겨나는 직업도 많아요

직업 중에는 세월이 흘러도 계속 존재하는 것이 있고, 생겼다가 없어지는 것도 있습니다. 예를 들어 교사, 공무원, 농부, 목수 같은 직업은 아주 오래전부터 있었지만, 전기 기사는 전기가 발명된 19세기 말에 등장했습니다. 또 자동차 정비공, 스튜어디스, 컴퓨터 기술자는 자동차, 비행기, 컴퓨터 등의 기계가 널리 보급되면서 새로 생겨난 직업입니다.

과거에는 많은 사람들이 종사했지만 사라진 직업으로는 타이피스트(타자를 치는 사람), 도안사(차트를 만드는 사람), 신문 식자공(활자를 원고대로 조판하는 사람) 등이 있습니다. 기술 발전, 사회 변화, 기계화 등으로 인해 더 이상 존재하기 어렵게 된 직업들이지요. 반면에 유튜버, 프로게이머, 앱 개발자, 웨딩플래너, 심리상담사, 공유경제운영자, 프리랜서 PD 등은 과거에는 없었는데 새로 생겨난 직업입니다. 로봇과 인공지능(AI)의 시대가

다양한 인쇄용 활자들

도래하면서 앞으로 더 많은 직업이 사라지고 새롭게 생겨날 것이라고 합니다. 따라서 앞으로 사라질 직업보다 새로 생길 직업을 위해 공부하고 준비할 필요가 있습니다.

쓰레기 배출량으로도 경기를 파악해요

경기는 '경제의 날씨'와 같아요

현재 경제의 상태를 파악하는 것은 아주 중요한 일입니다. 그래야 제대로 대응하고 행동할 수 있기 때문입니다. 경제 상황은 호황, 불황, 침체, 회복, 후퇴, 횡보 등 다양하게 표현합니다. 이런 상태를 통틀어 '경기(景氣)'라고 부르는데요, 경기는 '경제의 날씨'로 이해하면 쉽습니다. 경제 호황기는 사람들의 활력이 넘치는 화창한 봄날과 같고, 반대로 경기 불황기는 비가 쏟아지는 날과 같다고 할 수 있습니다.

우리가 일기 예보를 보고 내일 할 일을 결정하는 것처럼, 현재의 경기는 개인과 기업, 정부 등 경제 주체들의 중요한 판단 근거가 됩니다. 지금 경제가 어떤 상황이고 앞으로 어떻게 변할지 짐작할 수 있어야 무슨 일을 하거나 하지 말아야 할지 결정할 수 있으니까요. 이를테면 개인은 경기를 보

• 경기는 경제의 날씨 •

고 집을 살지 팔지, 주식 투자 금액을 늘릴지 줄일지를 결정합니다. 기업
역시 경기 전망을 바탕으로 채용을 늘리거나 신제품을 출시하거나 공장을
새로 짓습니다. 정부도 경기 상황을 판단해 불황일 때는 재정 자금을 풀고
금리를 내리는 등 경기가 더 나빠지지 않도록 대처합니다.

경제는 어느 순간의 정지된 흑백 사진이 아니라 시시각각 변화하는 총
천연색 동영상과 같습니다. 지금 경기가 좋다고 해도 갑자기 어떤 악재가
터지면 돌변할 수 있습니다. 따라서 기업과 정부는 물론 개인도 경기 변화
에 주목할 필요가 있습니다.

'투자의 귀재' 버핏은 쓰레기에 주목했어요

경기를 파악하는 방법은 생산, 소비, 투자 등에 관한 경제지표를 보고 판단하는 것이 가장 일반적입니다. 앞에서도 설명했듯이 경제지표는 경제의 건강 상태를 진단하는 근거가 됩니다. 하지만 대개 1~3개월 뒤에야 통계로 집계되어 볼 수 있기 때문에 지금 현재의 경기 상태를 파악하기는 어렵습니다. 그래서 경제 전문가들은 각자 나름대로 경기를 가늠하는 수단을 가지고 있는데요. 그때그때 주변의 변화에서 경기를 파악하는 방법입니다. 공식 경제지표가 나오기 전에 빠른 판단이 필요할 때 활용하는 자신들만의 비법인 셈이지요.

세계적으로 유명한 '투자의 귀재'인 워런 버핏(Warren Buffett, 1930년~)

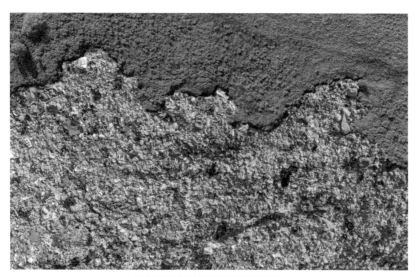

• 쓰레기 배출량으로 경제를 예측한 워런 버핏 •

은 무엇보다 쓰레기 배출량을 주목해서 본다고 합니다. 쓰레기 배출량이 늘면 경제가 살아나는 것이고, 줄면 뒷걸음친다고 보는 것이지요. 사람들이 물건을 많이 사면 그만큼 쓰레기 배출량도 늘어나기 때문입니다. 실제로 미국 철도협회가 발표하는 폐기물 운송량 통계를 보면, 미국의 경제 성장률과 비슷하게 움직인다고 합니다. 미국 중앙은행(FRB) 의장을 지낸 앨런 그린스펀(Alan Greenspan, 1926년~)도 기준금리를 결정하는 회의가 열리기 전에 뉴욕 외곽 지역의 쓰레기 매립장을 들렀다고 합니다. 개인의 소비 동향을 나타내는 통계가 나오지 않은 상태였지만 쓰레기양이 예년만 못하자 기준금리 인하를 단행한 적도 있지요.

미국 재무 장관을 지낸 티모시 가이트너(Timothy Geithner, 1961년~)는 장관 재임 시절 매일 아침 60가지 지표로 경기를 진단한 것으로 유명합니다. 그가 살펴본 지표에는 금리, 주가, 환율 같은 시장지표뿐 아니라 스타인웨이의 그랜드 피아노 판매 동향도 있었다고 합니다. 값비싼 스타인웨이 피아노가 잘 팔리면 경기가 좋은 것이고, 안 팔리면 나빠질 것으로 판단한 것이지요.

불황일 때는 매운 음식이 잘 팔려요

정부 당국자나 기업 경영자들은 고속도로 통행량, 전력 사용량, 놀이공원 입장객 수 등으로 경기를 판단하는 경우가 많습니다. 경기가 좋을 때는 차량 이동이 많아지고, 산업용 전력 수요가 증가할 수밖에 없습니다. 경제 활동이 활발해지면서 레저 수요도 늘어나 놀이공원의 입장객도 늘어나지요.

실제로 중국의 경제 정책을 책임지는 리커창(李克强, 1955년~) 총리는 경기를 파악할 때 GDP(국내총생산) 증가율, 즉 경제 성장률과 별도로 다음의 세 가지 지표를 더 신뢰한다고 합니다. 중국은 14억 인구의 세계에서 세 번째로 넓은 나라임에도 한국, 미국, 일본 등보다 한두 달 빨리 GDP 통계를 발표하여 인위적인 조작 의혹이 제기되었습니다. 그런 탓인지 리 총리는 베이징대학교 경제학 박사 출신답게 자기 나름의 경기지표 파악 방법이 있다고 밝힌 적이 있습니다. 그가 특히 주목하는 것은 전력 사용량, 은행 대출, 철도 화물 운송량인데요. 영국 경제 주간지인 《이코노미스트》는 2010년에 리 총리의 세 가지 지표를 토대로 '리커창 지수'를 산출하기도 했습니다. 그 결과 중국 정부의 공식 GDP 통계보다 신뢰할 만한 경기 동향 결과를 얻을 수 있었다고 보도했습니다.

바로바로 집계가 가능한 백화점과 대형 마트 매출은 소비 동향을 파악하는 데 실제로 요긴하게 이용됩니다. 통계청 발표는 민간소비 동향 조사에 시간이 걸려 보통 해당 기간보다 한두 달 늦게 알 수 있지만, 백화점과 마트는 매일, 매주 매출을 집계하므로 신속하게 경기를 파악할 수 있습니다.

소비자들의 동향에 민감한 유통 업계에서는 독특하게 '매운 맛' 음식을 경기를 가늠하는 기준으로 삼는 경우가 있는데요. 매운 맛을 먹을 때 우리 몸에서 진통 효과를 내는 물질이 분비됩니다. 그러면 매운 맛이 주는 통증이 완화되며 개운함을 느끼는데, 이 개운함이 불황으로 우울한 심리를 달래 주는 효과가 있다는 것입니다. 무더울 때 공포 영화를 보는 것과 비슷한 심리 효과가 일어나는 것이지요. 한동안 라면 시장에서 입안이 얼얼할 정도로 매운 불 맛 나는 볶음면이 잘 팔린 것이나 갈수록 매운 떡볶이가 인기인 것도 같은 맥락에서 해석할 수 있습니다. 그러나 한국인이 워낙 매운 맛을 좋아해서 그런 신제품이 나올 때 반응이 좋은 것이지 경기와는 무관하다는 주장도 있습니다.

술로 경기를 가늠하기도 합니다. 술 가운데 가격이 저렴한 소주가 잘 팔리면 경기가 안 좋은 징후로 해석하지요. 불황기에는 아무래도 값싼 술부터 찾게 마련이니까요. 또 경기가 좋으면 업소용 주류가, 경기가 나쁘면 가정용 주류가 잘 팔린다는 속설도 있습니다.

립스틱 효과, 치마길이 이론, 신사복 지수도 있어요

사람들의 소비 패턴이 어떻게 변화하는가를 보고 경기를 가늠하는 또 다른 경우도 있습니다. 명확하게 입증되지는 않았지만 경기가 좋으면 기초 화장품이 잘 팔리고, 나쁘면 립스틱이 잘 팔린다고 합니다. 일명 '립스틱 효과'라고 하는데, 화장을 자주 하는 여성들은 불경기일 때 비싼 기초 화장품보다 상대적으로 값싼 립스틱으로 자신을 치장한다는 것입니다. 이와 비슷한 속설이 '치마길이 이론'입니다. 불황일수록 옷감이 적게 드는 짧은 치마가 유행한다는 것이지요.

   립스틱 효과나 치마길이 이론은 널리 알려져 있어 인터넷에서도 쉽게 검색할 수 있습니다. 얼핏 들으면 그럴듯합니다. 하지만 검증된 경제이론도 아니고, 일반화하기도 어려워 그냥 세간에 전해지는 속설쯤으로 보는 게 좋습니다. 어쩌다 우연히 유행과 경기가 맞아떨어진 것을 사람들이 경제법칙처럼 착각한 것일 수도 있기 때문입니다.

   화장품 업계나 의류 업계에서는 립스틱이든 미니스커트든 유행 변화에 따라 소비가 늘었다 줄었다 하는 것이지 경기와는 무관하다고 합니다. 요즘 립스틱이 잘 안 팔린다는데 경기가 좋아져서일까요? 2020년에 코로나바이러스 감염증-19가 발생하면서 전 세계가 극심한 불경기에 빠졌습니다. 전염을 막기 위해 실내외에서 마스크를 착용함으로써 립스틱을 바를 일이 없어진 것이 립스틱 판매 부진과 더 연관이 있을 것입니다. 미니스커트는 청바지와 함께 경기를 타지 않는 패션계의 스테디셀러로 통합니다. 어쩌다 불황일 때 미니스커트가 유행하는 것을 본 사람들이 치마길이를 억지로 경기와 연관 지은 것일 뿐입니다.

   반면에 남대문시장 상인들이 오랜 경험으로 말하는 신사복 지수는 어느 정도 일리가 있어 보입니다. 옷차림에 덜 민감한 남자들이 신사복을 많이 사면 경기가 회복되는 것이고, 안 사면 경기 침체라는 것입니다. 소비자들의 지갑이 얇아졌을 때 신사복, 노인복, 여성복, 아동복 순으로 매출이 줄어드는데 경기가 좋아지면 그 반대 순서로 늘어난다는 게 상인들의 이야기입니다. 한편 백화점에서는 신사복 판매량이 주가에 정비례한다고

세계 경제를 뒤흔들고 있는 코로나바이러스 감염증—19를,
100달러 지폐 속 벤저민 프랭클린이
마스크를 쓰고 있는 모습으로 표현한 것입니다.

합니다. 그러나 요즘에는 정장 대신 캐주얼 차림으로 출퇴근하는 회사가 늘고 있어 신사복 지수도 예전보다는 설득력이 떨어집니다.

　미국의 통계학자 네이트 실버(Nate Silver, 1978년~)는 이렇게 쏟아지는 각종 경기지표가 수만 건에 달해 의미 있는 경기 '신호'와 불필요한 '소음'을 구분하는 게 여간 어려운 일이 아니라고 지적했습니다. 경제에서는 정보가 너무 모자라도 문제지만, 정보가 너무 많아도 정확한 판단을 내리는 데 방해가 됩니다.

경제학을 배우면
재테크를 잘할 수 있나요?

 경제학이 돈에 관한 모든 것을 다룬다는 점에서 경제학을 배우면 재테크를 잘하게 된다고 생각하는 사람들이 적지 않습니다. 경제학을 공부하는 것은 경제 현상을 이해하기 위한 것이지 돈 버는 기술을 배우기 위해서가 아닙니다. 다만 경제에 대한 이해력이 높다면 재테크에도 어느 정도 도움은 될 것입니다.

 경제학자들 가운데 주식 투자로 부자가 된 사람에는 누가 있을까요? 유감스럽게도 그런 사례는 극히 드물다고 합니다. 경제학자 가운데 주식으로 큰돈을 번 사람은 데이비드 리카도와 존 메이너드 케인스 등 몇몇에 불과하다고 합니다. 리카도는 아버지의 직업을 물려받아 어려서부터 증권 중개인으로 일한 경험을 바탕으로 주식에 투자해 큰돈을 벌었습니다. 그 덕에 경제학자로서 연구에 전념할 수 있었지요. 케인스는 투자하는 대중의 심리를 꿰뚫어 본 덕분에 주식 투자에 크게 성공했다고 합니다. 또 주가의 움직임보다 기업의 가치를 중시하는 가치투자를 창안한 경제학자 벤저민 그레이엄(Benjamin Graham, 1894~1976년)은 투자의 정석을 고수해 주식 투자에 성공한 사례입니다.

하지만 오히려 주식에서 손해를 본 경제학자들이 더 많은데요. 대표적인 인물이 화폐경제학의 아버지라고 불리는 경제학자 어빙 피셔(Irving Fisher, 1867~1947년)입니다. 피셔는 1920년대 후반에 경기 호황으로 미국 주가가 연일 최고치를 경신하자, 대공황 직전에 "주가가 영원히 떨어지지 않을 고원에 도달했다"라며 전 재산을 주식에 쏟아부었다가 파산했습니다. 카를 마르크스도 주식 투자에 실패해 말년에 굶다시피 했지요. 슘페터도 자본주의 경제의 발전 요인이 혁신과 창조적 파괴임은 정확히 간파했지만 정작 주식 투자에서는 성공을 거두지 못했다고 합니다.

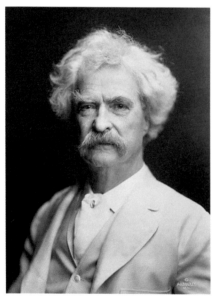

• 마크 트웨인, 소설로 번 전 재산을 주식으로 날린 그는 "10월은 주식 투자를 하기에 특별히 위험한 날"이라는 유명한 경고의 말을 남겼습니다. •

경제학자들만 그런 것이 아닙니다. 만유인력의 법칙을 발견한 위대한 과학자인 아이작 뉴턴도 주식으로 망한 인물 중 하나입니다. 몇 번 투자를 하여 수익을 얻자 전 재산을 쏟아부은 뉴턴은 투기 거품이 꺼지면서 쫄딱 망했습니다. 이때 뉴턴은 "천체(별)의 운행은 계산할 수 있어도 사람들의 광기는 정말 알 수 없다"라는 말을 남겼다고 합니다. 상대성 이론의 아인슈타인(Albert Einstein, 1879~1955년)도 노벨상 상금으로 받은 거금을 주식에 넣었다가 대공황을 맞아 큰 손해를 보았습니다. 『톰 소여의 모험』(1876)을 쓴 소설가 마크 트웨인(Mark Twain, 1835~1910년)은 책을 팔아 번 돈으로 주식에 투자했다가 신용 불량자가 되기도 했지요. 제2차 세계대전을 승리로 이끈 윈스턴 처칠(Winston Churchill, 1874~1965년) 영국 총리도 대공황 때 주식에서 쓴맛을 보았습니다.

경제학은 어떻게 공부하나요?

경제학은 알아 두면 여러모로 쓸모가 많습니다. 대학교 경제학과에 진학해 경제와 관련된 교수, 경제관료, 연구원, 금융분석가 등 다양한 직업을 가질 수 있습니다. 하지만 더 중요한 것은, 경제학을 공부하면 세상이 돌아가는 이치를 이해하는 데 큰 힘이 된다는 점입니다. 경제학은 눈에 보이는 현상 뿐 아니라 보이지 않는 이면까지 볼 수 있게 하기 때문입니다. 개인과 집단의 행동은 무엇이 좌우하는지, 그런 행동이 어떤 결과를 가져오는지, 그로 인해 국가 경제는 어떻게 변화하는지 두루 살필 수 있습니다. 이런 생각의 힘은 자신의 인생을 준비하고 계획하는 데도 큰 도움이 됩니다.

하지만 경제학 공부는 무턱대고 덤벼들기 쉽지 않습니다. 용어도 낯설고 기기묘묘한 수식을 보는 순간 겁이 덜컥 납니다. 그래도 어렵지 않게 차근차근 다가갈 수 있는 길도 많이 있습니다. 이번 장에서는 어떻게 하면 경제학과 친숙해질지, 그리고 경제학을 공부하면 무엇을 할 수 있는지 알아보겠습니다.

경제학을 쉽게 공부하는 법은
무엇일까요?

수식과 도표, 용어는 몰라도 돼요

여러분은 혹시 경제학 논문을 본 적이 있나요? 아마 본다면 난생처음 본 기호와 기괴한 수식들이 외계인의 언어처럼 느껴져 도무지 무슨 말인지 알 수 없을지도 모릅니다. 더욱이 뜻을 알기 힘든 도표와 그래프도 수두룩해 대학에서 경제학을 전공한 사람이 아니라면 이것이 수학 논문인지, 과학 논문인지 구분하기 쉽지 않을 정도입니다.

하지만 지레 겁먹을 필요는 없습니다. 수식과 도표를 모르더라도 경제학의 기본 원리를 이해하는 데는 큰 지장이 없기 때문입니다. 보통 사람들이 물리법칙의 이유를 알지 못해도 경험으로 이해하듯이, 경제학 수식을 알아야만 경제원리를 알 수 있는 것은 아닙니다. 관성의 법칙을 배우지 않아도 버스가 급정거할 때 몸이 앞으로 쏠리는 경험을 통해 물리 현상을 인

• 수식과 도표를 많이 사용하는 경제학 •

식하는 것처럼 말입니다.

경제학을 공부할 때도 경제학의 다양한 원리를 이해하는 게 중요하지, 복잡한 수식과 도표를 자유자재로 쓰고 이해해야만 하는 것은 아닙니다. 경제학자들은 수식으로 자신의 이론을 증명하지만, 말과 글로도 충분히 풀어서 설명할 수 있습니다. 예를 들어 경제학에서 가장 기본적이고 중요시되는 GDP 공식은 'GDP=C+I+G+(X−M)'으로 표시됩니다. 이게 무슨 소리일까 싶겠지만, 기호라서 낯설 뿐 그리 어려운 내용이 아닙니다. 여기서 C는 소비(Consumption), I는 투자(Investment), G는 정부지출(Government), X는 수출(eXport), M은 수입(iMport)을 가리킵니다. 즉 한 나라의 GDP는 한 해 동안 일어난 민간의 소비와 투자, 정부의 지출액을 더하고, 여기에다 수출액에서 수입액을 뺀 순(純)수출을 합친 것이라는 의미입니다. GDP 공식을 통해 GDP를 높이려면, 다시 말해 경제가 성장하려면 개인 기업 등 민간의 소비와 투자가 활발하고 수입보다 수출이 잘 돼야 함을 알 수 있습니다.

수학을 못하면 경제학을 배우기 어렵나요?

경제 과목을 문과(文科)와 이과(理科) 과목으로 분류하면 분명히 문과의 사회 과목입니다. 그런데 왜 이과 과목처럼 수학을 많이 쓸까요? 대학교에 가면 어떨까요? 계량경제학 교수님은 칠판을 온통 방정식과 그래프로 채웁니다. 통계학까지 알아야 해 가뜩이나 수학을 싫어하는 학생이라면 시작도 하기 전에 고개를 절레절레 흔들 정도지요. 그러나 수학에서 왜 기호와 수식이 사용되는지 생각해 보면 경제학 논문이 기호 투성이인 것도 이해할 수 있게 될 것입니다.

수학은 암기한다고, 단순히 계산만 잘한다고 되는 것이 아닙니다. 수학은 세상의 복잡한 사물과 현상을 기호와 수식으로 바꿔서 이해하고, 논리적으로 풀어 가는 학문입니다. 음악의 악보처럼 수학은 기호를 통해 현실을 보여 줍니다. 따라서 문제 유형을 익혀 잘 푼다고 해서 수학을 잘한다고 보기는 어렵습니다. 주어진 상황을 직접 수식으로 바꿔 풀어 보는 과정을 통해 수학의 원리를 이해하고 논리적인 사고를 단련하는 것이 중요하지요.

경제학은 복잡한 경제 현상을 분석해 단순화시키고 그 속에 담긴 법칙성을 발견하고 설명하는 데 수학이 필요합니다. 복잡한 경제 현상을 설명할 때는 장황한 말과 글보다 간단명료한 수식이 간편하기 때문입니다. 그래서 수학에 흥미가 있는 청소년이라면 경제학과에 진학하는 것도 좋습니다. 고등학교에서 배우는 미적분만 잘 이해해도 충분히 대학 수업을 들을 수 있습니다. 그러니 너무 두려워할 필요는 없습니다. 그 이상의 수학은 대학교에 가서 익혀 나가면 됩니다.

그렇다면 수포자(수학 포기자)는 아예 경제 공부를 포기해야 할까요? 그렇지 않습니다. 경제는 온갖 사회 현상들이 복잡하게 얽히고설킨 것입니다. 여기에는 결코 수식으로 표현하거나 모델로 정형화할 수 없는 변덕스러운 사람들의 심리도 포함됩니다. 또 경제를 제대로 파악하려면 그런 현상이 벌어지게 된 그 시대의 정치, 사회, 문화, 역사적 배경까지 두루 이해할 필요가 있으므로 수학을 못한다고 해서 경제원리를 이해하지 못할 이유는 없지요.

예를 들어 서울 강남의 아파트 값이 크게 오른 것에 대해 전문가들은 집을 팔려는 사람이나 집의 물량에 비해 집을 사려는 사람이 더 많은, 즉 수요-공급 법칙에서 원인을 꼽습니다. 그러나 집값이 상승한 원인은 하나만이 아닙니다. 강남 8학군과 대치동 학원가와 같은 교육 수요와 편리한 생활 여권, 유망한 투자지라는 기대감, 좋은 동네에 산다는 심리적 만족감 등이 두루 작용한 결과라고 할 수 있습니다. 이처럼 하나의 경제 현상에는 경제적 요인뿐 아니라 다양한 변수들이 종합적이고 복합적으로 영향을 미칩니다.

경제학을 재미있게 풀어 쓴 책들도 많아요

경제학이 처음부터 수학을 바탕으로 한 것은 아니었습니다. 애덤 스미스의 『국부론』을 비롯해 경제학 고전들에는 수식이 없었고, 존 메이너드 케인스도 수학을 거의 쓰지 않았지요. 경제학이 수학에 근접할 만큼 난해해진 것은 '미시경제학의 창시자' 알프레드 마셜 이후부터입니다. 마셜은 가난을 해결하고 싶어 경제학 연구를 시작했습니다. 이를 위해 수학도였던 그는 자연스럽게 수학 공식들을 활용했지요. 물론 이후 수학은 수단일 뿐이라며 공식과 숫자를 각주나 부록에 적어넣고, 경제를 누구나 이해할 수 있는 쉬운 말로 풀어썼습니다. 하지만 제자들은 마셜이 이론을 도출해 내는 방식을 수학 없이는 이해할 수 없어 큰 애를 먹었습니다. 그래서 후대 경제학자들이 "마셜 선생은 다 알면서 왜 안 가르쳐 줘서 우리를 힘들게 만드냐"고 볼멘소리를 했다는 일화도 있답니다.

요즘은 수학을 거의 쓰지 않는 경제학 분야도 많아지고 있습니다. 경제학에 심리학을 접목한 행동경제학은 수식 대신 심리 실험을 통해 사람들이 경제적 행동을 하는 원리를 입증합니다. 노벨 경제학상 수상자인 리처드 탈러(Richard H.Thaler, 1945년~)의 『넛지』(2008)나 대니얼 카너먼(Daniel Kahneman, 1934년~)의 『생각에 관한 생각』(2011)은 수식 하나 없이 경제원리를 설명하고 있지요.

경제학이 어려운 것은 사실이지만, 사람들의 생활, 행동 등에서 비롯된 현상을 연구하는 학문이기에 경제원리를 이해하는 것은 그다지 어렵지 않습니다. 『죽은 경제학자의 살아 있는 아이디어』, 『경제학 콘서트』(2005), 『괴짜 경제학』(2005), 『상식 밖의 경제학』(2008) 같은 대중적인 경제 서적들을 통해 쉽게 접근할 수도 있지요. 이 책들은 주변에서 볼 수 있는 이야기나 경제학과는 전혀 무관할 것 같은 상황을 경제학적 시각에서 색다르게 풀어내 누구나 흥미롭게 읽을 수 있습니다. 우리나라 학자들이 쓴 『미니멀 경제학』(2019), 『중학생을 위한 한국은행의 알기 쉬운 경제이야기』(2013), 『2020 경제는 내 친구』(2020), 『50대 사건으로 보는 돈의 역사』(2019) 같은 책도 경제학을 이해하는 데 도움을 줍니다.

경제학적인 사고를 일상에 대입해 흥미롭게 풀어낸 대중적인 경제서들을 꾸준히 읽다 보면 자신도 모르게 경제원리에 상당한 지식을 갖게 될 것입니다. 이를 통해 현상보다는 이면의 진실, 눈에 보이는 것보다는 보이지 않는 문제의 본질을 파악하는 '생각의 근육'도 키울 수 있지요.

속담에 경제원리가 담겨 있어요

속담은 조상의 지혜가 담긴 경제학 보물 창고예요

경제학을 공부하는 데 아주 쉬운 방법이 있습니다. 바로 속담을 이용하는 것입니다. 속담에는 우리의 일상생활에 도움이 되는 지혜가 담겨 있습니다. 비유적인 한 줄의 말로 촌철살인의 교훈을 주어 무릎을 치게 할 때가 많지요. '백지장도 맞들면 낫다'는 속담은 문자 그대로 보면 말이 안 됩니다. 가벼운 종이 한 장이 무거울 리가 없으니까요. 하지만 이 속담은 그렇게 쉬운 일도 서로 나누고 도우면 모두에게 이롭다는 것을 일깨워 줍니다. 협력의 중요성을 강조한 것이지요.

속담은 아주 쉽고 재미있는 비유로 세상사의 이치를 일깨워 줍니다. 속담과 비슷한 명언은 과거에 위인이나 유명인이 했던 말로, 분명히 주인이 있습니다. 하지만 속담은 언제, 누가, 어떻게 만들었는지 알 수 있는 것이 없습니다. 속담의 '속(俗·풍속)' 자가 뜻하듯 속담은 평범한 사람들의 생활 속 언어에서 나온 것이기 때문입니다. 속담에는 선조들이 오랫동안 쌓아 온 경험과 지혜가 녹아 있어, 세월이 흘러도 여전히 사용되고 있지요.

그런데 이 속담이 경제학과 무슨 상관이 있냐고요? 속담이 경제학을 쉽게 공부하는 데 도움이 된다는 말이 이상하게 들릴지 모르겠습니다. 하지만 놀랍게도 속담에는 경제학의 기본 원리가 담겨 있습니다. 따라서 속담으로 먼저 경제원리를 이해하고 그에 어울리는 경제 용어를 찾아보면 훨씬 쉽게 경제학과 친해질 수 있을 것입니다. 그럼 이제부터 속담들이 어떻게 경제원리와 연결되는지 살펴볼까요?

경제학의 전제, '바다는 메워도 사람 욕심은 못 메운다'

경제학의 기본 전제는 사람의 욕구는 무한한데 이를 충족시킬 재화는 부족하다는 것입니다. 자원의 희소성은 누구나, 어떤 사회나 직면하는 문제이기에 경제학이 필요하지요. 이러한 경제학의 기본 전제를 쉽게 설명한 속담이 바로 '바다는 메워도 사람 욕심은 못 메운다'입니다. 실제로 바다를 어떻게 메우겠어요? 넓고 깊은 바다보다 사람의 욕구가 더 끝이 없다는 점을 강조해 비유한 것입니다.

'말 타면 경마 잡히고 싶다'는 속담도 비슷한 의미입니다. 여기서 경마 잡힌다는 것은 말고삐를 잡아끌게 한다는 것을 뜻합니다. 즉 먼 길을 갈

때면 말을 타고 편하게 가고 싶어지는데, 정작 말을 타면 한술 더 떠 하인을 시켜 고삐를 끌게 하고 싶어진다는 것입니다. 옛날에는 말을 탄다는 것이 출세를 의미했습니다. 이를 요즘 시대에 비유하면 승진해서 회사에서 차를 받고 나니 운전기사도 있으면 좋겠다고 생각하는 것입니다.

경제학에서 사람을 움직이는 것은 이익 또는 인센티브(유인, 동기)입니다. 사람들이 쓰레기 분리수거에 참여하는 것도 재활용품을 분리해 쓰레기 배출량을 줄이면 쓰레기봉투를 살 돈을 아낄 수 있기 때문이지요. 이와 관련해 '미끼가 커야 큰 고기를 잡는다'는 속담이 있습니다. 낚시할 때 미끼가 없으면 고기를 잡기 어려운 것처럼, 사람을 움직일 만한 동기가 있어야 성과도 크다는 의미입니다. 비슷한 의미인 '김매는 주인이 놉(일꾼) 아흔아홉 못 한다'는 속담은 주인과 일꾼의 차이를 설명해 줍니다. 주인은 열심히 일할수록 자기 소득이 높아지는 인센티브가 있지만, 일꾼은 열심히 일을 하든 안 하든 받는 임금(세경)이 같으니 열심히 할 생각이 별로 없습니다. 이는 경제학에서 '주인과 대리인 문제(대리인이 주인의 이익보다 자신의 이익을 추구할 때 발생하는 문제)'라는 개념과 아주 잘 통하는 속담입니다.

기회비용과 '산토끼 잡으려다 집토끼 놓친다'

앞에서도 여러 차례 언급한 바 있는 기회비용은 하나를 선택함으로써 포기해야 하는 다른 것의 값어치를 가리킵니다. 좋아하는 아이돌의 굿즈를 사면 평소 보아 두었던 티셔츠는 살 수 없습니다. 이때 포기해야 하는 티셔츠가 아이돌 굿즈의 기회비용이 됩니다. 경제학은 효용(만족감)을 극대화하기 위해 비용을 최소화하는 방법을 많이 연구합니다. 효용을 키우려면 선택하지 못해 생기는 아쉬움(기회비용)이 가장 적은 쪽을 선택해야 하지요.

이와 관련 있는 속담으로 '산토끼 잡으려다 집토끼 놓친다'가 있습니다. 집토끼를 지키려면 산토끼를 잡을 수 없고, 산토끼를 잡으려면 집토끼를 관리하기 어렵습니다. 둘 다 가질 수 없어 하나는 포기해야 한다는 것을 알려 줍니다.

기회비용과 함께 기억해야 할 개념이 매몰비용입니다. 매몰비용은 이미 지불해 사라졌거나 회수할 수 없게 된 비용(돈, 시간, 노력 등)을 가리킵니다. 하지만 사람들은 손해를 피하려는 심리가 강해, 이미 사라진 매몰비용도 회수할 수 있다고 착각하는 경우가 많습니다. 안 될 게 뻔한데도 그동안 들인 돈과 시간이 아까워 계속 돈을 쏟아붓다가 더 큰 실패를 맞게 되는 것입니다. '놓친 물고기가 커 보인다'는 이 같은 상황을 잘 표현해 주는 속담입니다. 이미 놓쳤으면 그 물고기는 더 이상 내 것이 아닙니다. 놓친 물고기에 연연하다 보면 다른 물고기도 잡을 수 없습니다. 이럴 때는 놓친 물고기를 매몰비용으로 보고 포기하는 게 합리적인 선택입니다.

합리적 소비와 '싼 게 비지떡'

경제 활동을 할 때 누구나 합리적으로 소비하고 싶어 합니다. 오늘날에는 무조건 절약하는 게 미덕이 아니며, 현명하고 합리적인 소비를 더욱 중요시합니다. 가성비(가격 대비 성능)나 가심비(가격 대비 심리적 만족도)라는 말이 유행하는 것도 사람들의 소비를 대하는 자세를 보여줍니다. '이왕이면 다홍치마', '열 번 재고 가위질은 한 번 하라', '싼 게 비지떡' 같은 속담들도 합리적이며 만족스러운 소비의 자세를 말하고 있지요.

'이왕이면 다홍치마'는 같은 값이면 화사한 다홍색 치마를 사는 게 낫듯이, 가격이 동일하다면 품질, 성능, 디자인 등을 두루 따져 보고 가장 낫다고 생각되는 것을 사라는 뜻입니다. '열 번 재고 가위질은 한 번 하라'는 속담은 옷감을 신중하고 꼼꼼하게 재듯이, 무엇이든 사기 전에 두루 검토해 결정을 내리라는 뜻입니다. 또 '싼 게 비지떡'은 값이 싸다고 혹해서 무턱대고 덤볐다가는 나중에 후회한다는 뜻입니다. 양말이라면 싼 것을 사도 괜찮지만 오래도록 입을 코트라면 조금 비싸더라도 질 좋은 것을 사는 게 오히려 절약하는 길임을 알려 주는 속담이지요.

물건이나 서비스를 사용할 때마다 더해지는 즐거움이나 만족감을 뜻하는 한계효용 체감의 법칙과 관련해서는 '맛있는 음식도 늘 먹으면 싫다'는 속담을 함께 기억해 두면 좋습니다. 아무리 좋은 것도 오래 접하다 보면 싫증이 나는 법입니다.

보완재와 대체재도 속담과 연관 지어 쉽게 이해할 수 있습니다. 보완재

• 아무리 맛있는 케이크도 먹을수록 음식이 주는 즐거움이 줄어듭니다.
이것을 한계효용 체감의 법칙이라고 합니다. •

는 서로 보완 관계에 있는 재화를 의미합니다. '서로 떨어질 수 없는 가까운 사이'를 일컫는 말인 '바늘 가는 데 실 간다'는 속담으로 보완재를 설명할 수 있는데요. 여기서 바늘과 실은 서로 보완재가 됩니다. 대체재는 서로 대신 쓸 수 있는 관계에 있는 두 가지의 재화를 말합니다. 이 경우에는 '자기가 쓰려는 것이 없으면 그와 비슷한 것으로 대신 쓴다'는 뜻의 '꿩 대신 닭'이라는 속담을 사용할 수 있습니다. 여기서 닭은 꿩의 대체재지요. 이 정도면 속담이 얼마나 경제원리와 가까운지 알 수 있겠지요?

소설과 영화로도
경제를 공부할 수 있어요

톰 소여는 희소성을, 인어공주는 기회비용을 알려 줘요

재미있는 소설과 영화를 보면서도 경제를 공부할 수 있습니다. 경제란 사람들의 삶 그 자체이며, 좋은 소설과 영화는 사람들이 살아가는 현실을 투영한다는 점에서 서로 접점을 찾을 수 있거든요. 주인공이 왜 그렇게 행동했을까, 인간의 행동을 좌우하는 원리는 무엇일까 등을 생각하다 보면 자연스레 경제원리와 맞닿게 됩니다.

장난꾸러기 소년의 모험을 다룬 소설『톰 소여의 모험』(1876)에는 참 재미있는 장면이 나옵니다. '영광스러운 페인트칠' 대목인데요.

톰은 이모가 내린 벌로 한여름 뙤약볕 아래서 30미터가 넘는 울타리에 페인트칠을 해야 합니다. 톰은 한창 뛰어놀 때 억지로 페인트칠을 하는 것도 싫지만, 지나가는 친구들의 놀림을 받는 것이 더 싫습니다. 이때 톰은 꾀를 냅니다. 친구 벤이 다가오자, 아주 재미있고 중요한 일인 것 같은 표정으로 태연하게 페인트칠을 합니다. 벤이 페인트칠을 해보고 싶어 하자 톰은 더 태연하게 아무나 하는 게 아니라며 붓을 넘겨 주기 싫은 척합니다. 그러자 벤은 톰에게 사과를 주어 페인트칠에 성공합니다. 이 모습을 본 지나가던 친구들까지 너도나도 달려듭니다. 작가는 이 소설의 마지막 구절에 이렇게 썼습니다. "톰은 자신도 모르는 사이에 인간 행동의 중요한 법칙을 하나 발견해 낸 셈이다. 어른이든 아이든 손에 넣기 어렵게 만들면 다들 탐내게 된다는 것을 말이다."

톰이 발견한 '인간 행동의 중요한 법칙'은 경제학에서 말하는 자원의 희소성입니다. 톰은 지겨운 페인트칠을 '아무나 할 수 없는 희소한 일'인 듯 연기해 친구들에게 대신 시켰습니다. 경제학에서는 희소성을 설명할 때 물과 다이아몬드에 비유합니다. 물은 사람의 생존에 필수적인 것이라 효용만 보면 다이아몬드에 비길 바가 아닙니다. 그런데도 작은 돌조각인 다이아몬드에 비해 가치가 낮습니다. 흔한 물에 비하면 다이아몬드는 귀하기 때문에 엄청나게 비싼 값이 붙지요. 이런 자원의 희소성 때문에 경제학이 탄생하게 된 것입니다.

안데르센의 『인어공주』(1837)는 인어공주의 슬픈 사랑 이야기를 담은 동화입니다. 원작에서는 인어공주가 끝내 왕자를 해치지 못하고 물거품이 되지만, 월트디즈니사의 애니메이션에서는 해피엔딩으로 끝이 나지요. 이 작품에서 가장 안타까운 순간은 인어공주가 사람이 되기 위해 다리를 얻는 대신 마녀에게 아름다운 목소리를 주는 장면일 것입니다. 목소리를

『톰 소여의 모험』 속 울타리를 칠하는 모습을 담은
미국 1972년 기념 우표

잃지 않고 다리를 얻었다면 얼마나 좋았을까요? 정작 사람이 되어 왕자를 만났는데 사랑을 고백할 수가 없다니 참으로 안타깝습니다.

이처럼 하나를 얻는 대신 포기해야 하는 것을 '기회비용'이라고 합니다. 이 작품에서는 인어공주가 포기한 아름다운 목소리가 사람이 되는 데 따른 대가(비용), 즉 기회비용이 됩니다. 로

• 인어공주 동상 •

버트 프로스트(Robert Frost, 1874~1963년)는 시 〈가지 않는 길〉(노란 숲속에서 두 갈래 길을 마주했으며 고민 끝에 사람이 덜 지나간 길을 택한 이후 운명이 달라졌다고 말하는 내용)에서처럼 숲속의 두 갈래 길을 동시에 갈 수는 없습니다. 『심청전』에서 심청이가 자신의 목숨을 바쳐 아버지의 눈을 뜨게 하려 했던 것도 비슷한 경우라고 할 수 있습니다.

『허생전』으로 '독점'을 공부하고, 『상도』에서 경제 윤리를 생각해요

연암 박지원의 소설 『허생전』(조선 후기)에서 허생은 임진왜란과 병자호란을 겪고 피폐해진 조선을 개혁하려고 하는 이상주의자로 그려집니다.

그런데 허생은 돈을 모으는 과정에서 오늘날 경제 현장에서 볼 수 있는 '독점'의 원리를 이용했습니다.

허생은 부자에게 1만 냥을 빌려 매점매석(비싸게 팔기 위해 물건을 대량으로 사 모으기)에 나섰는데, 그 품목은 제사상에 쓰일 대추, 밤, 배, 등의 과일과 갓을 만드는 말총(말의 갈기나 꼬리털)이었습니다. 허생으로 인해 시중에서는 제사를 지낼 수 없게 되었고 양반들이 쓰는 갓 공급도 막혀 버렸습니다. 과일과 말총 가격이 천정부지로 치솟자 허생은 매점매석했던 물건을 내다 팔아 큰돈을 벌었습니다.

독점은 국가적으로 많은 사람에게 피해를 주지만, 기업의 입장에서는 큰 이익을 얻는 수단이 됩니다. 그래서 각국 정부는 독점 기업에 대해서 엄격한 규제를 하고 있습니다. 허생의 사례를 통해 독점이란 무엇인지 알 수 있는 동시에, 고작 1만 냥에 과일과 말총이 동이 날 만큼 당시 조선의 경제 규모가 얼마나 초라했는지 짐작할 수 있습니다.

상인들은 서로 이윤을 많이 남기려고 각축을 벌이지만, 상거래에도 윤리가 있습니다. 조선의 거상(巨商) 임상옥을 주인공으로 한 최인호의 소설 『상도』(2000)는 독자로 하여금 '경제 윤리'를 생각하게 합니다. 임상옥의 좌우명은 "재물은 평등하기가 물과 같고, 사람은 바르기가 저울과 같다"는 것이었습니다. 물과 같은 재물을 독점하려 한다면 반드시 그 재물에 의해 망하고 저울과 같이 바르고 정직하지 못하면 언젠가는 파멸하게 된다는 뜻입니다. 욕구가 지나쳐 탐욕으로 흐르면 오히려 낭패를 볼 수 있다는 점을 늘 경계한 것입니다. 자기 이익만 챙기는 상인은 사람들의 신뢰를 얻

조선시대 상인의 모습을 엿볼 수 있는 김홍도 〈행상〉.
행상은 각지를 돌아다니며 상거래를 하는 상인을 뜻합니다.

기 어렵습니다. 이윤을 추구하더라도 상대방의 입장을 헤아리고 스스로 절제할 줄 아는 자세가 필요하지요. 요즘 성공하는 기업들을 보면 이익만을 위해 경쟁하지 않습니다. 소비자를 존중하고, 종업원을 아끼고, 협력 업체를 배려해 존경받는 기업이 될 때 더 크게 성공할 수 있습니다. 경제 윤리의 중요성은 예나 지금이나 다르지 않습니다.

〈다크 나이트〉에서 죄수의 딜레마를 배워요

영화에서도 경제원리를 배울 수 있습니다. 영화는 평범하지 않은 주인 공이 등장하고, 복잡한 상황 속에서 사람의 선택과 결정이 어떤 결과를 가져오는지 잘 보여 주기 때문입니다. 잘 만든 영화일수록 인물들의 선악의 경계가 모호해 관객들에게 생각할 거리를 던져 주지요. 인간 본성을 탐구하는 영화에 일가견이 있는 크리스토퍼 놀란(Christopher Nolan, 1970년~) 감독의 배트맨 3부작 중 두 번째 작품인 〈다크 나이트〉(2008)가 그런 경우입니다. 영화 내용 중에서도 배에 탄 선량한 시민과 흉악한 죄수들이 등장하는 장면에 특별히 주목할 만한데요.

고담시를 폭파하겠다는 조커의 협박에 늦은 밤 시민들이 탄 배와 죄수들이 탄 배가 각각 강을 건너는 중입니다. 그런데 갑자기 통신이 두절되고, 배 안에서 엄청난 양의 폭탄이 발견됩니다. 그리고 스피커에서 '사회적 실험'을 하겠다는 조커의 목소리가 들립니다. 조커는 밤 12시까지 다른 배의 폭탄을 터뜨릴 기폭 장치를 먼저 누르는 쪽을 살려 주겠다고 합니다. 두 배가 서로 연락할 수 없는 상황에서 시민과 죄수들 모두 공포에 휩싸이지요.

이런 상황은 4부에서 소개한 게임이론 중 '죄수의 딜레마'를 떠올리게 합니다. 먼저 시민이 탄 배에서 할 수 있는 선택은 기폭 장치를 먼저 누르거나, 누르지 않고 상대편 배의 처분을 기다리는 것입니다. 먼저 누르면 살고, 안 누르면 살지 죽을지 알 수 없지요. 죄수가 탄 배도 같은 입장입니다. 이때 최선의 결과는 양쪽 다 기폭 장치를 누르지 않는 것이고, 최악의 결과는 둘 다 동시에 누르는 것입니다. 여러분이 이런 상황에 있다면 어떻게 하는 것이 좋을까요?

시민이 탄 배에서는 죄수들 때문에 선량한 자신들이 죽을 수 없다며 투표를 합니다. 그 결과 기폭 장치를 누르는 데에 찬성 396표, 반대 140표가 나옵니다. 그래도 배의 책임자가 버튼을 누르지 못하자 한 신사가 자기가 하겠다며 기폭 장치를 받아들지요. 같은 시각 다른 배에서도 죄수들이 죽기 싫다며 호송 책임자에게 기폭 장치를 빨리 누르라고 아우성을 쳤습니다. 책임자가 계속 망설이자 덩치 큰 죄수가 다가와 기폭 장치를 빼앗습니다. 그리고 양 쪽 배 모두 기폭 장치를 누르는 대신 강물에 던져 버립니다.

이렇게 서로 협의할 수 없는 상황이라도 상대를 믿고 협력하면 모두 이득을 얻을 수 있지만 실제로는 협력이 잘 이루어지지 않습니다. 인간의 이기심과 공포가 상대방에 대한 신뢰를 무력화시키기 때문입니다. 이 영화가 어떻게 결말이 났는지는 직접 보고 확인하기 바랍니다. 죄수의 딜레마를 쉽게 이해하는 데 이보다 더 좋은 사례도 드물 것 같습니다.

SF 영화는 계획경제의 문제점을 보여 줘요

가상의 미래 세계를 다룬 SF 영화들을 보면 공식 같은 것이 있습니다. 먼저 완벽하게 중앙에서 통제하는 유토피아 사회가 있고, 사람들 대다수는 그런 삶에 만족하며 아무런 의심을 하지 않습니다. 이런 질서를 깨뜨리는 이에게는 무자비하고 폭력적인 경찰의 통제가 가해지지요. 그런 가운데 주인공이 어딘가 문제가 있다고 의심을 품고, 소수의 저항 세력과 함께 폭로에 나서며 결국에는 통제된 사회의 진실이 드러납니다. 유토피아(천국)인 줄 알았는데 실은 디스토피아(지옥)였던 셈입니다.

이런 공식에 충실한 영화에는 〈매트릭스〉(1999), 〈멋진 신세계〉(1980), 〈아일랜드〉(2005), 〈가타카〉(1997), 〈1984〉(1987) 등이 있습니다. 대개 SF 소설을 각색한 것으로, 고도로 과학이 발달한 미래 세계가 배경입니다. 인공 지능이 가상 세계를 만들어 지배하고(〈매트릭스〉), 감시망에 의해 모든 사람이 통제되고(〈1984〉), 인간이 공장에서 대량 생산되듯 태어나 등급이 매겨지고(〈멋진 신세계〉), 유전자 분석에 따라 사람의 장래가 미리 결정되고(〈가타카〉), 자신과 똑같은 복제 인간을 키운 뒤 아플 때 장기 이식을 하는(〈아일랜드〉) 등의 이야기가 전개됩니다. 줄거리는 다르지만 고도로 발달한 과학 기술에 의해 철저히 통제된다는 공통점이 있습니다. 그리고 이런 통제 사회에서 과연 인간이 행복할 수 있느냐는 질문을 던지지요.

이런 영화들에서 발견할 수 있는 경제학적인 교훈은, 어떤 이유에서든 지 사람들의 자유를 구속하는 사회는 결코 유토피아가 될 수 없다는 점입니다. 한 명의 통치자나 몇몇 사람이 통제하는 사회는 국민의 삶을 개선하고 행복하게 만드는 것이 불가능하기 때문입니다. SF 영화 속의 극도로 통제된 사회는 1930년대 히틀러의 독일 전체주의(나치) 체제와 스탈린의 소련 공산주의 체제를 떠올리게 합니다. 그 체제에서는 개인보다 집단이 우선이었고, 국가의 이익을 위해서라면 개인의 자유는 언제든지 제한되었습니다.

이처럼 국가가 모든 것에 개입하고 통제하는 경제 체제를 '계획경제'라고 합니다. 중앙 정부가 생산과 공급 계획을 세우고, 국가가 기업과 토지를 소유하며 국민에게 필요한 재화를 배급해 주는 체제지요. 개개인이 자유롭게 생산하고 소비하는 시장경제와 반대되는 개념입니다.

사람은 공동의 이익을 위해 일할 때보다 자신을 위해 일할 때 훨씬 창의적이고 효율적으로 임하게 됩니다. 누구나 이기심을 가지고 있을 뿐만 아니라 남들보다 잘살고 싶은 욕망이 있기 때문입니다. 이런 욕구를 이용해 각자 열심히 일하게 하는 것이 국가 전체를 위해서도 바람직하다는 것이 애덤 스미스 이래 경제학의 일관된 가르침이었지요. 그리고 그러려면 누구나 자유롭게 직업을 선택하고, 사는 곳을 옮길 수 있으며 재산을 소유할 수 있어야 합니다.

인류는 아주 오래전부터 유토피아를 꿈꾸고 수많은 실험을 했지만, 민주주의보다 나은 체제를 발견하지 못했습니다. 민주주의와 함께 시장경제를 추구할 때 경제가 번영하고 국민의 삶이 개선된다는 사실은 역사가 입증합니다. 중세에서 근대로 넘어오면서 인류 문명이 급속히 발전한 것도 같은 이유입니다. 오늘날 경제가 급속히 발전하고 있는 중국과 베트남은 정치적으로는 공산주의 체제를 유지하고 있지만, 경제적으로는 국민의 재산권을 인정해 거의 시장경제에 가깝습니다. 아직도 중앙 정부가 국민을 통제하고 배급하는 계획경제를 고집하는 나라는 북한, 쿠바, 베네수엘라 등 일부 폐쇄적인 나라들 외에는 거의 찾아보기 어렵습니다. 국민의 삶을 개선하는 것이 국가의 역할이고 경제학의 목표임을 잊지 말아야 합니다.

경제학을 공부하면 무엇을 할 수 있나요?

국가의 경제 정책을 담당할 수 있어요

경제학은 19세기까지는 정치경제학으로 불렸습니다. 그래서 국가와 국민을 부유하게 만드는 것을 목표로 경제학자이면서 정치에 뛰어드는 이들이 적지 않았습니다. 또 정부의 관료로 들어가 경제 정책을 담당하기도 했지요. 국제 무역에서의 비교우위론을 창안한 데이비드 리카도는 영국 의회에 진출해 당시 서민들의 생활고를 가중시킨 곡물법을 폐지하는 데 앞장섰습니다. 현대 거시경제학의 창시자인 케인스도 영국 정부를 대표하여 제1차 세계대전이 끝난 뒤 전후 처리 협상을 담당했고, 제2차 세계대전 이후에는 국제금융시스템을 만드는 데 앞장섰지요.

사실 경제학자라면 경제 현상을 연구하고 분석하는 것에서 그치지 않고, 직접 정부에 참여해 경제 정책을 담당하고 싶은 의욕을 가지게 되는데요. 그래서 지금도 경제학 전공자들이 가장 가고 싶어 하는 곳 중의 하나가 기획재정부, 산업통상자원부, 공정거래위원회 같은 정부의 경제부처입니다. 정부의 경제 관료로서 경제 정책을 직접 입안해 집행하고, 나라 경제를 살찌우는 것은 아주 매력적인 일이며 국가적으로도 필수적인 일입니다. 경제부처에 들어가 정책을 담당하려면 행정고시(재경직)에 합격해야 합니다.

금리와 통화 정책을 담당하는 한국은행도 경제학과 출신들이 많이 가는 곳입니다. 한국은행은 기준금리를 결정하고, 통화량을 조절하는 중앙은행입니다. 한국은행에는 우리나라 어떤 기관보다도 경제학 박사 출신들이 많습니다. 복잡한 경제 상황을 분석해 정책을 펴려면 전문적인 지식이 필요하기 때문입니다. 산업은행, 수출입은행, 금융감독원, 예금보험공사 같은 경제·금융 관련 공공 기관들도 경제학 전공자들이 많이 몸담는 곳이지요.

국제기구 역시 경제학과 출신들이 선호하는 곳입니다. 국제통화기금, 세계은행, 아시아개발은행(ADB), 세계무역기구(WTO) 같은 경제 분야 국제기구들은 전 세계의 경제학 전공자들이 가고 싶어 하는 곳이지요. 그래서 경쟁률이 매우 높고, 들어가기가 여간 어려운 게 아닙니다. 하지만 들어갈 수만 있다면 전 세계를 누비면서 세계 경제 발전에 이바지하게 돼 큰 보람과 성취감을 느낄 수 있습니다.

경제학의 쓸모만큼 진로도 다양해요

경제학이 인간의 삶과 관련된 행동과 결과를 연구하는 학문이다 보니 적용할 수 있는 범위가 매우 넓습니다. 우리나라 대학에 개설된 경제학 분야 학과를 보면 일반적인 경제학과(또는 경제학부) 외에도 경제통상학과, 국제경제학과, 경제금융학과, 경제산업학과, 글로벌경제학과, 소비자경제학과, 경제데이터금융학과, 금융부동산학과, 지역경제학과, 지식재산학과 등 다양한 명칭을 가지고 있음을 알 수 있습니다. 경제학이 통상, 금융, 산업, 소비자, 부동산 등 다양한 분야로 범위를 넓혀 가고 있는 것입니다.

경제학의 쓰임새가 다양한 만큼 경제학 전공자들이 진출할 수 있는 직업 범위도 무척 폭넓습니다. 정부 공공기관뿐만 아니라 민간 분야에서는 은행, 보험회사 등의 금융회사, 신용정보회사, 일반 기업체, 컨설팅회사, 무역회사, 회계법인, 리서치회사 등에서도 일할 수 있습니다. 여기에 공인회계사, 세무사, 관세사, 감정평가사, 신용분석사, 자산관리사 같은 자격을 취득한다면 진출할 수 있는 분야는 더욱 넓어지지요.

요즘에는 언론사들이 경제학을 공부한 사람을 선호해 경제학 전공자가 신문, 방송 같은 미디어 분야에서 기자나 PD로 일하는 경우도 많습니다. 세상이 복잡해질수록 경제 뉴스의 중요도가 점점 높아지고 있기 때문이지요. 전문 지식이 필요하다는 점에서 스포츠마케팅 회사, 연예기획사 등에서도 경제학 전공자를 필요로 하지요.

학구적인 사람이라면 대학교 졸업 후 대학원에 진학해 경제학 박사학위를 딴 뒤 교수를 꿈꾸는 것도 좋습니다. 경제학자로서 연구에 몰두하는 것이야말로 경제학 전공자들의 꿈일 것입니다. 또 경제 문제에 대한 분석은 정부와 기업 모두 수요가 많아, 경제연구소나 정치·사회·복지 분야 연구소의 연구원으로 진출할 수도 있습니다.

경제학 공부는 '삶의 무기'가 돼요

경제학을 전공하지 않더라도 경제학 공부는 쓰임새가 많습니다. 세상에는 우리가 보고 듣는 것과 실상이 다른 것이 많은데요. 경제학은 그런 이면의 진실을 가려내는 데 도움이 됩니다. 경제학적 사고방식은 상식과 직관을 거스를 때가 많거든요. 우리 눈에는 해가 뜨는 것처럼 보이지만, 실상은 지구가 도는 것이죠. 경제학적 사고방식은 해가 뜨는 것이 아니라 지구가 돈다는 사실을 깨닫게 해줍니다. 따라서 경제원리를 이해한 사람은 현상보다는 그 이면의 진실을 볼 수 있습니다.

2006년에 한국 영화 스크린쿼터(의무상영일수)가 146일에서 73일로 축소되었던 일이 대표적인 사례입니다. 사람들은 한국 영화를 의무적으로 상영해야 하는 날이 절반으로 줄었으니 한국 영화가 할리우드 대작들에 밀릴 것으로 예상했습니다. 수많은 영화인들이 거리에 나와 '이제 한국 영화는 끝났다'며 반대 시위를 벌였습니다. 영화관들이 할리우드 영화를 선호해 한국 영화를 외면할 것이라고 여겼지요.

하지만 이후 한국 영화의 르네상스(대부흥)가 일어났습니다. 1000만 관객을 모은 영화가 속출하고, 영화계에 자본 투자가 몰려들고, 해외에도 팔려 나갔습니다. 과거에는 스크린쿼터에 기대어 영화를 대충 만들어도 영화관에서 상영할 수 있었지만, 이제는 외국 영화에 밀리지 않는 영화를 만들어야만 살아남을 수 있다는 절박함에 머리를 싸매고 노력한 덕이었습니다. 그 결과 한국 영화는 한류의 한 축으로 당당히 자리 잡았고, 2020년에는 미국 아카데미 시상식에서 봉준호 감독의 〈기생충〉(2019)이 4관왕을 차지할 수 있었지요. 영화인들의 주장처럼 한국 영화가 망한 것이 아니라 오히려 스크린쿼터 축소가 자극이 되어 더 발전할 수 있는 계기가 된 것입니다.

경제학 지식은 청소년들이 인생을 계획할 때도 매우 유용하게 쓰일 수 있습니다. 우리는 살면서 학과와 직업 선택부터 주택 구매, 이사, 창업, 저축, 재테크, 자녀 교육, 대인 관계 등 다양한 문제에 직면하게 됩니다. 그럴 때마다 경제가 어떻게 움직이는지 그 원리를 아는 것과 모르는 것은 큰 차이가 있습니다. 창업은 아무 때나 해도 되는 게 아니고, 재테크도 돈의 속성을 이해해야 성공할 수 있지요. 경제원리를 잘 이해한다면 인생의 계획을 세울 때 보다 합리적으로 접근할 수 있지만 아무 지식도 없이 감에만 의존하는 것은 무작정 복권에 당첨되기를 기다리는 것과 같습니다.

또한 경제학을 통해 정치인의 사탕발림 같은 공약을 가려낼 수도 있고, 주변의 터무니없는 유혹을 피할 수도 있습니다. 정치인들은 국민에게 돈을 나눠 주겠다는 말을 잘 하는데요. 그 돈이 결국은 국민에게서 걷은 세금이라는 것을 안다면 결코 반가울 수 없을 것입니다. 청소년들이 미래를 살아가는 데 경제학 공부는 '삶의 무기'가 될 것입니다.

경제학과 경영학은
어떻게 다른가요?

경제학과 경영학을 비슷한 학문으로 여기는 사람들이 많습니다. 경제학과와 경영학과를 하나의 단과대학으로 묶어 경상대학(또는 상경대학)으로 부르는 대학교도 많고, 온라인 서점에서는 '경제·경영'으로 묶어 책을 분류합니다. 하지만 경제학과 경영학은 엄연히 차이가 있고, 깊이 들어갈수록 다릅니다.

경제학은 경제 전반을 분석하고 연구하는 학문인 데 반해, 경영학은 실제 기업 경영을 연구하는 학문입니다. 경제를 움직이는 경제 주체가 '개인, 기업, 국가'인 만큼 주로 기업을 다루는 경영학보다 경제학의 연구 범위가 훨씬 넓다고 할 수 있습니다. 경제학을 통해 경제에 관한 통찰력을 배울 수 있다면 경영학을 통해서는 기업 경영의 제반 문제에 관한 해결책을 찾을 수 있지요.

경제학은 일정한 규칙과 법칙을 찾는 순수학문이고, 경영학은 경제학의 실제 활용을 위한 응용학문입니다. 따라서 경제학은 이론적이고, 경영학은 실무적인 성격이 강하지요. 노벨상에 경제학상은 있지만 경영학상이 없는 것은 이 때문입니다. 영국의 주요 대학교에는 경영학과가 따로 개설되지 않은 경우도 꽤 있습니다.

경제학과에서는 먼저 '경제학 원론'부터 배우는데, 경영학과에서도 기본적인 '경제학 원론'을 배웁니다. 경제가 어떻게 돌아가는지 알아야 기업 경영에 필요한 공부를 이해할 수 있기 때문입니다.

그러나 좀 더 깊이 들어가면 상당히 다른 점을 알 수 있습니다. 경제학과에서는 국가 경제 전체를 분석하고 GDP, 인플레이션, 자원배분, 비용과 편익, 시장과 독과점, 금융·외환, 통화정책, 조세제도, 인적자원, 산업조직론 등을 공부합니다. 또 경제 현상을 수학과 통계 분석을 이용해 계량적으로 접근하므로 수학을 잘해야 합니다. 단순한 계산 능력이 아닌 미적분, 로그함수 등의 수학원리를 이해하는 것이 중요합니다. 그래서 수학에 전혀 관심이 없다면 교양으로서 경제원리를 공부할 수는 있어도 본격적인 경제학 공부는 아무래도 쉽지 않을 것입니다

반면에 경영학과에서는 기업 경영에 직결되는 마케팅, 인사관리, 조직관리, 재무회계, 물류, 경영정보 등을 배웁니다. 경제학이 경제 현상의 다양한 변수를 걸러 내고 추상적인 모델을 설정해 분석하는 것과 달리, 경영학은 실제 현실에서 벌어진 구체적인 사례를 위주로 연구하고 전략을 모색합니다. 따라서 자신이 학구적이라면 경제학이 어울리고, 실용적이라면 경영학이 적합합니다.

최근에는 경제학도 그 연구 범위가 점점 넓어지고 있습니다. 경제학에 심리학을 접목한 행동경제학, 교육과 인적자원을 경제학적으로 분석하는

교육경제학, 환경과 노동 문제를 다루는 환경경제학 및 노동경제학, 생물학의 진화론과 경제학을 융합한 진화경제학, 물리학과 경제학의 접점을 찾는 경제물리학 등 갈수록 새로운 분야로 확장되고 있지요. 경제학은 예나 지금이나 '사회과학의 제왕'으로 불릴 만큼 학문적인 폭과 깊이가 넓습니다.

경제학이 시장 전체의 효율을 높이는 방안을 연구한다면, 경영학은 시장 경쟁 속에서 기업이 우위를 차지해 이윤을 극대화하는 방법을 주로 연구합니다. 그래서 경제학과 출신은 정부, 중앙은행, 경제연구소 등으로 많이 진출하는 반면에 경영학과 출신은 기업과 금융회사로 많이 진출합니다. 이론과 실무를 겸비한 경영전문가를 키우는 '경영전문대학원(비즈니스 스쿨)'을 졸업하면 MBA(Master of business Administration) 학위를 취득해 몸값이 높아지기도 합니다.

미국에서는 하버드대학교, 시카고대학교, 프린스턴대학교의 경제학과가 유명합니다. 이곳 졸업생들은 미국 재무부나 미국 중앙은행, 금융 중심지인 뉴욕 월스트리트로 많이 진출합니다. 또 유명한 경영 전문 대학원으로는 와튼 스쿨(펜실베이니아 상경대학교), 슬론 스쿨(매사추세츠공과대학교), 켈로그 스쿨(노스웨스턴대학교) 등이 있는데 이곳 출신 MBA 학위 소지자는 기업, 컨설팅회사 등에서 서로 데려가려고 할 정도이지요.

10대에게 ★ 권하는 시리즈

10대에게 권하는 인문학
연세대 인문학연구원 지음 I 13,500원

인문학자 5명이 풀어 쓴 최초의 청소년 인문서

10대에게 권하는 문자 이야기
연세대 인문학연구원 HK문자연구사업단 지음 I 13,500원

문자의 기원과 가치를 집중 조명한 첫 청소년 책!

10대에게 권하는 역사
김한종 지음 I 13,800원

생각의 지평을 넓히고, 사회적 안목을 키워주는 역사서

10대에게 권하는 공학
한화택 지음 I 13,800원

학교에서는 가르쳐 주지 않는 공학의 진정한 가치

10대에게 권하는 영문학
박현경 지음 I 13,800원

영문학 공부의 이유와 문학의 가치를 알려 주는 책

10대에게 권하는 경제학
오형규 지음 I 13,800원

학교에서 배울 수 없는 경제학의 쓸모

10대에게 권하는 수학
이동환 지음 I 13,800원

골치 아픈 수학을 왜 배워야 할까?

10대에게 권하는 법학
전제철 지음 I 15,800원

우리 사회에 법은 왜 필요할까?

청소년기에 경제학을 공부해야 하는 이유가 뭘까요?

경제학을 통해 일상 속 경제원리와 이치를 깨닫고 세상의 흐름을 이해할 수 있어요

★ 경제학은 청소년의 일상생활과 아주 가까이 있어요

경제학은 경제를 다루는 학문입니다. 하지만 경제학은 경제를 다루는 학문 이상의 중요성을 지닙니다. 우리가 먹고, 입고, 생활하는 의식주가 모두 경제와 연관된 문제이기 때문입니다. 청소년이 공부하는 것도, 장래에 직업을 선택하는 것도 경제와 아주 밀접하지요. 따라서 경제학은 우리가 잘 먹고 잘 살기 위해 없어서는 안 되는 중요한 학문입니다.

★ 경제학은 보이지 않는 세상의 이면까지 볼 수 있게 해요

경제학은 눈에 보이는 현상뿐 아니라 보이지 않는 이면까지 볼 수 있게 합니다. 개인과 집단의 행동은 무엇이 좌우하는지, 그런 행동이 어떤 결과를 가져오는지, 그로 인해 국가 경제는 어떻게 변화하는지 두루 살필 수 있습니다. 이런 생각의 힘은 청소년이 인생을 준비하고 계획하는 데 큰 도움이 됩니다.

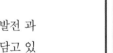

★ 경제학을 알면 근대 이후 세계사가 한눈에 보여요

경제학의 발달 역사는 산업혁명 이후 급속도로 성장한 세계 경제 발전 과정과 일치합니다. 그래서 경제학은 근대 이후 세계 역사를 그대로 담고 있다고 해도 과언이 아니지요. 오늘날 사회과학 분야 중 가장 중요시되는 것도 이 때문입니다.

43320

9 791186 650974

값 13,800원   ISBN 979-11-86650-97-4